CARL JUNG

El Arquetipo del Héroe y la Individuación del Ser

La Interpretación Junguiana de los Mitos
y la Importancia del Viaje del Héroe en la Psique Humana

Arquetipo y Sombra

Edición original en español:
CARL JUNG - El Arquetipo del Héroe y la Individuación del Ser

Arquetipo y Sombra

Primera edición abril de 2024

Derechos reservados. Ninguna parte de este libro puede ser reproducida o transmitida en cualquier forma o por ningún medio electrónico o mecánico, incluyendo fotocopiado, grabado o por cualquier almacenamiento de información o sistema de recuperación, sin permiso escrito de los autores.

Nota importante de exención de responsabilidad: Este libro es solo para propósitos educativos y de entretenimiento. El autor ha hecho todo lo posible para proporcionar información completa, precisa, actual y confiable, pero no se puede garantizar. El autor no es un experto en asesoramiento legal, financiero, médico o profesional. La información en este libro se ha recopilado de diferentes fuentes, por lo que es importante que consultes a un profesional antes de probar cualquier técnica descrita. Al leer este libro, aceptas que el autor no se hace responsable de ninguna pérdida directa o indirecta que pueda surgir por el uso de la información proporcionada, como errores o inexactitudes.

COPYRIGHT© Jaxbird LLC

Contenido

Prefacio 1

Fundamentos de la Psicología Analítica de Carl Jung 3

El Arquetipo del Héroe y sus Raíces Inconscientes 23

El Simbolismo del Sacrificio en el Mito del Héroe 49

La Relevancia de los Mitos Antiguos 95

El Arquetipo del Héroe y su Evolución Psicológica 100

Orfeo y Cristo: Figuras Simbólicas de Redención 133

Símbolos de Liberación y Trascendencia Psicológica 143

La Individuación: El Camino hacia la Totalidad Psíquica ...153

La Confrontación con el Inconsciente en el Proceso de Individuación 161

El Ánima: La Personificación Femenina del Inconsciente en el Hombre 172

La Dimensión Social del Sí-Mismo en el Proceso de Individuación 204

Epílogo 219

Prefacio

Carl Gustav Jung, el destacado psiquiatra y psicólogo suizo, ha dejado una marca perdurable en nuestra comprensión de la mente humana y la psique. Sus teorías innovadoras han transformado nuestra manera de ver y estudiar los procesos mentales, abriendo caminos nuevos en la psicología.

Una de las contribuciones más significativas de Jung es su teoría de los arquetipos, que clarifica los patrones universales presentes en nuestros comportamientos, pensamientos y emociones. Estos arquetipos, formados a lo largo de innumerables generaciones, habitan en las profundidades de nuestro inconsciente colectivo, esperando ser activados y reconocidos en nuestra consciencia.

Dentro del amplio espectro de arquetipos que Jung identificó, el del héroe es central en nuestra cultura colectiva. Desde los inicios de la civilización, las historias de héroes y heroínas han fascinado nuestras mentes y corazones, despertando nuestros deseos más profundos de superación y significado. Estas narrativas, más que simples cuentos, son verdaderos mapas psicológicos que orientan nuestro proceso personal de individuación, ese camino hacia convertirnos en quien verdaderamente somos.

La individuación, este recorrido complejo y exigente hacia la integridad psíquica, es un llamado profundo en nosotros. Representa un viaje de autodescubrimiento y cambio, donde confrontamos nuestras sombras, aceptamos nuestras capacidades y nos revelamos como individuos completos y genuinos. En un mundo crecientemente dividido y desordenado, esta búsqueda de significado y propósito es crucial.

En este libro, profundizaremos en el arquetipo del héroe y su relación con el proceso de individuación. A través de un estudio detallado de mitos, leyendas y relatos de diversas culturas, exploraremos los patrones universales en la jornada heroica y cómo estos se reflejan en nuestras propias experiencias. Examinaremos las fases del viaje del héroe, desde el inicio de la aventura hasta el regreso con el elixir, y cómo estas etapas se relacionan con los retos y oportunidades en nuestro propio desarrollo personal. Investigaremos el papel de los arquetipos en nuestra psique y cómo, al integrarlos a nuestra consciencia, podemos utilizar su fuerza transformadora para fomentar nuestro crecimiento. También consideraremos cómo el arquetipo del héroe y el proceso de individuación se expresan en el mundo actual, incluyendo la literatura, el cine, la psicología y la espiritualidad. Veremos cómo estas ideas antiguas siguen teniendo eco en nuestra vida y cómo podemos aplicarlas para enfrentar los desafíos de nuestro tiempo.

Arquetipo y Sombra

2024

Fundamentos de la Psicología Analítica de Carl Jung

En la antigüedad y en la época medieval, la creencia en el alma como una entidad sustancial estaba ampliamente extendida. Esta noción ha persistido desde los inicios de la humanidad, y no fue sino hasta la segunda mitad del siglo XIX que comenzó a desarrollarse una "psicología sin alma". El auge del materialismo científico generó escepticismo hacia todo aquello que no fuera perceptible a través de los sentidos, ridiculizando lo que se asociaba con la metafísica. Se exigía evidencia sensorial o causalidad física para considerar algo como "científico" o verdadero.

Este cambio de paradigma no ocurrió de forma abrupta; su gestación se remonta a mucho tiempo atrás. La Reforma marcó el fin del fervor espiritual de la Edad Gótica, caracterizada por su alcance geográfico limitado y su visión vertical del mundo, siendo reemplazada por la expansión horizontal de la mentalidad moderna. La conciencia ya no anhelaba ascender, sino que se expandía en el conocimiento del mundo terrenal, impulsada por grandes descubrimientos y expediciones.

La fe en la sustancialidad del espíritu cedió ante la convicción de que solo lo material era substancial. Esta transición, que abarcó casi cuatro siglos, llevó a los principales pensadores europeos a considerar la mente como meramente dependiente de la materia y sus causas.

Sin embargo, este cambio de perspectiva no fue impulsado únicamente por la filosofía o las ciencias naturales. Aunque algunos intelectuales se opusieron, carecieron de respaldo y quedaron marginados frente a la corriente predominante que valoraba lo físico sobre lo mental. Este cambio no puede atribuirse al razonamiento lógico, ya que la existencia de la mente o la materia es intrínsecamente incognoscible.

La sustitución de una metafísica centrada en la mente por una centrada en la materia en el siglo XIX marca una revolución en la perspectiva humana del mundo. Los límites empíricos restringen el discurso humano, sus propósitos y su percepción del "significado". Los fenómenos internos ceden ante la primacía de lo externo y tangible, y se exige una fundamentación material para cualquier valor.

Este cambio de paradigma no puede abordarse únicamente desde la filosofía, sino que refleja una tendencia emocional y social arraigada en el espíritu de la época. Pensar de manera contraria a la corriente predominante se considera inapropiado y socialmente peligroso. Así como antes se aceptaba la creación divina del mundo, en el siglo XIX se aceptó la idea de que todo surgía de causas materiales.

En este contexto, la mente es vista como un subproducto de la materia, una concepción que hoy se considera razonable y científica. La idea de la sustancialidad del alma es rechazada por ser herética.

Se ha llegado a comprender que la antigua noción de un alma substancial, divina e inmortal que dirige el cuerpo y se relaciona con entidades incorpóreas, es una presunción injustificada. Del mismo modo, la creencia en que la materia genera el espíritu, que los humanos evolucionaron de los simios, o que complejas obras del intelecto provienen de impulsos básicos como el hambre o el amor, es igualmente fantástica.

¿Quién o qué es esta materia omnipotente? Es una imagen moderna de un dios creador, despojada de su carácter antropomórfico y convertida en un concepto universal de fácil comprensión. La conciencia humana ha crecido en amplitud y extensión espacial, pero lamentablemente no en términos temporales, lo que impide apreciar plenamente la historia y aprender de transformaciones similares en el pasado.

La tendencia a explicar todo en términos físicos es una reacción al desarrollo horizontal de la conciencia en los últimos siglos, contrarrestando la perspectiva vertical de la Edad Gótica. Este enfoque es un fenómeno colectivo arraigado en el inconsciente, más que una elección consciente. Al igual que los primitivos, el ser humano es inconsciente de las razones detrás de sus acciones y solo las comprende retrospectivamente.

Si la humanidad fuera consciente del espíritu de la época, entendería por qué tiende a explicar todo físicamente. Reconocería que esta tendencia es una reacción a explicaciones previas basadas en el espíritu. Esto llevaría a cuestionar los supuestos actuales. El ser humano se engaña al creer que entiende más sobre la materia que sobre la mente, sobreestimando la causalidad física como la única explicación verdadera de la vida. Sin embargo, tanto la materia como la mente son igualmente misteriosas. Solo cuando se admite esto, se vuelve a un equilibrio racional.

Es cierto que la conciencia está estrechamente relacionada con la actividad cerebral y los procesos corporales, pero reducir los fenómenos mentales a meras funciones glandulares es simplista. La conciencia es la condición fundamental de la vida psíquica, y todas las psicologías modernas, a pesar de sus diferencias, estudian la conciencia, ignorando la vasta vida psíquica inconsciente.

Aunque hay múltiples corrientes de pensamiento tanto en filosofía como en psicología, ambas disciplinas están íntimamente interconectadas. La filosofía aborda cuestiones del mundo en general, mientras que la psicología se centra en la mente. Antes, la psicología era una rama de la filosofía, pero ahora emerge como una disciplina independiente. Sin embargo, ninguna puede existir sin la otra, y ambas nutren la especulación intelectual sobre temas intrínsecamente complejos e inaccesibles a la mera observación empírica.

La tendencia actual hacia los fundamentos físicos en la explicación conlleva, como se ha observado, a una "psicología sin psique", es decir, a la idea de que la mente es simplemente un producto de procesos bioquímicos. En cuanto a una psicología moderna y científica que se base en la mente como entidad propia, sencillamente no existe. Hoy en día, nadie se arriesgaría a establecer una psicología científica sobre la premisa de una mente independiente que no esté influenciada por el cuerpo. La noción de un espíritu autónomo, de un sistema mundial del espíritu que funciona por sí solo y que es el único sustento adecuado para creer en almas autónomas e individuales, es sumamente impopular en la sociedad actual. Sin embargo, cabe mencionar que en 1914, durante una estancia de Carl Jung en el Bedford College de Londres, asistió a una sesión conjunta de la Sociedad Aristotélica, la Asociación de la Mente y la Sociedad Británica de Psicología, donde se llevó a cabo un simposio sobre la cuestión: "¿Las mentes individuales están contenidas en Dios o no?". Si alguien en Inglaterra cuestionara el prestigio científico de estas sociedades, no sería recibido con agrado, ya que sus miembros son destacados intelectuales del país. Es posible que Jung haya sido la única persona en la audiencia que escuchó con sorpresa argumentos que parecían provenir del siglo XIII. Este ejemplo ilustra que la idea de un espíritu autónomo cuya existencia se da por sentada no ha desaparecido por completo en toda Europa ni se ha convertido simplemente en un vestigio de la Edad Media.

Teniendo esto en cuenta, quizás se pueda considerar la posibilidad de una "psicología con la psique", es decir, un campo de estudio basado en la suposición de una psique autónoma. No debería haber temor por la impopularidad de tal empresa, ya que postular la mente no es más fantástico que postular la materia. Dado que literalmente no se tiene idea de cómo lo psíquico puede surgir de elementos físicos y, sin embargo, no se puede negar la realidad de los eventos psíquicos, existe la libertad de invertir las suposiciones por una vez y afirmar que la psique surge de un principio espiritual tan inaccesible a la comprensión como la materia. Por supuesto, esto no sería una psicología moderna, porque ser moderno implica negar tal posibilidad. Por lo tanto, para bien o para mal, se debe regresar a las enseñanzas de los antepasados, ya que fueron ellos quienes hicieron tales suposiciones. La visión antigua sostenía que el espíritu era esencialmente la vida del cuerpo, el aliento vital, o una especie de fuerza vital que tomaba forma espacial y corpórea al nacer o después de la concepción, y abandonaba nuevamente el cuerpo moribundo después del último aliento. El espíritu en sí mismo se consideraba una entidad sin extensión, y como existía antes de tomar forma corpórea y también después, se le consideraba atemporal y, por tanto, inmortal. Desde el punto de vista de la psicología científica moderna, esta concepción es, por supuesto, pura ilusión. Sin embargo, como no es la intención adentrarse en la "metafísica", ni siquiera moderna, se examinará por una vez y sin prejuicios esta antigua noción y se comprobará su justificación empírica.

Los nombres que las personas dan a sus experiencias suelen ser muy esclarecedores. ¿Cuál es el origen de la palabra Seele? Al igual que la palabra inglesa "soul", proviene del gótico "saiwala" y del antiguo alemán "saiwalô", y estos pueden relacionarse con el griego "aiolos", que significa móvil, coloreado, iridiscente. La palabra griega "psyche" también significa mariposa. "Saiwalô" está relacionado, por otro lado, con la antigua palabra eslava "sila", que significa fuerza. A partir de estas conexiones, se aclara el significado original de la palabra Seele: es fuerza en movimiento, es decir, fuerza vital.

Las palabras latinas "animus", espíritu, y "anima", alma, son similares a la griega "anemos", viento. La otra palabra griega para viento, "pneuma", también significa espíritu. En gótico se encuentra la misma palabra en "us-anan", exhalar, y en latín "anhelare", jadear. En alto alemán antiguo, "spiritus sanctus" se traducía como "atun", aliento. En árabe, viento es "riih", y "ruuh" es alma, espíritu. Existe una conexión bastante similar con el griego "psyche", que está relacionado con "psycho", respirar, "psychos", fresco, "psychros", frío, y "phusa", fuelle. Estas afinidades muestran claramente cómo en latín, griego y árabe los nombres dados al alma están relacionados con la noción de aire en movimiento, el "aliento frío del espíritu". Y esta es también la razón por la cual el punto de vista primitivo otorga al alma un cuerpo de aliento invisible.

Es innegable que para muchas culturas, el aliento es símbolo de vida. Se asocia estrechamente con la vitalidad, al igual que el movimiento y la fuerza en acción. En una visión primitiva, el alma se concebía como fuego o llama, ya que el calor también se interpretaba como indicio de vida. Una perspectiva peculiar, aunque no infrecuente, es la que identifica el alma con el nombre de un individuo. Según esta idea, el nombre representa el alma, lo que lleva a la costumbre de utilizar el nombre de un antepasado para transmitir el alma ancestral al recién nacido. De esto se puede inferir que la conciencia del ego era vista como una manifestación del alma. En ciertas culturas, el alma se relaciona con la sombra, de modo que pisar la sombra de alguien se considera un insulto mortal. Del mismo modo, el mediodía, especialmente en latitudes meridionales, se percibe como amenazante; cuando la sombra se reduce, se interpreta como señal de peligro para la vida. Esta concepción de la sombra refleja la idea de "el que sigue detrás", expresada por los griegos como synopados, denotando una presencia intangible y viva, lo que contribuyó a la creencia en las sombras como almas de los difuntos.

Estas ideas ofrecen una visión de cómo el ser humano primitivo experimentaba la psique. Para él, la psique era la fuente de la vida, el motor principal, una presencia fantasmal con una realidad objetiva. Por ello, el primitivo creía poder comunicarse con su alma; ésta se manifestaba en él de manera vocal, pues no era él mismo ni su conciencia. Para el ser humano primitivo, la psique no era, como lo es para el moderno, el resumen de todo lo subjetivo y sometido a la voluntad; al contrario, era algo objetivo, autónomo, que vivía su propia vida.

Esta perspectiva encuentra justificación empírica, ya que tanto en sociedades primitivas como en la civilizada, los eventos psíquicos tienen un componente objetivo considerable. Muchos de estos eventos escapan al control consciente. Por ejemplo, no es posible suprimir las emociones, cambiar un mal humor por uno bueno a voluntad, o controlar los sueños. Incluso las mentes más lúcidas pueden obsesionarse con pensamientos que resisten a los mayores esfuerzos de voluntad. Las fallas de la memoria pueden dejar a la persona impotente, y fantasías inesperadas pueden surgir en cualquier momento. Solo se considera al ser humano dueño de su mente porque le gusta creerlo así. En realidad, depende en gran medida del funcionamiento adecuado del inconsciente y debe confiar en que no le falle. Al estudiar los procesos psíquicos de personas neuróticas, resulta evidente que la psique no puede ser equiparada con la conciencia. Los procesos psíquicos de los neuróticos apenas difieren de los de las personas llamadas normales, lo que plantea la duda sobre quién puede considerarse libre de neurosis en la actualidad.

Ante esto, es razonable admitir la antigua concepción del alma como una realidad objetiva, independiente y, por ende, caprichosa y peligrosa. La suposición adicional de que este ser misterioso y amenazante es también la fuente de la vida encuentra respaldo en la experiencia. Esta experiencia muestra que el sentido del "yo", la conciencia del ego, surge de la vida inconsciente. El niño pequeño posee vida psíquica sin una conciencia del yo desarrollada, por lo que los primeros años apenas dejan recuerdos duraderos. ¿Cuál es entonces la fuente de los destellos de inteligencia, entusiasmo, inspiración y amor por la vida? El ser humano primitivo siente en lo más profundo de su ser los manantiales de la vida; está profundamente impresionado por la actividad vital de su alma, y por ello cree en todas las prácticas mágicas que puedan influir en ella. Por eso, para él, el alma es la vida misma. No concibe que pueda controlarla, sino que se siente dependiente de ella en todos los aspectos.

Aunque la idea de la inmortalidad del alma pueda parecer absurda, para el ser humano primitivo no es algo extraordinario. Después de todo, el alma es algo singular. Mientras que todo lo demás ocupa un lugar en el espacio, el alma no puede ser localizada espacialmente. Aunque se supone que los pensamientos residen en la cabeza, cuando se trata de los sentimientos, se comienza a dudar; parece que residen en la región del corazón. Las sensaciones se distribuyen por todo el cuerpo. Aunque se teorice que la conciencia reside en la cabeza, algunas tribus tienen una visión diferente, como los indios Pueblo, que consideran que los pensamientos residen en el corazón, o ciertas tribus africanas que los sitúan en el vientre.

La búsqueda de la ubicación de las funciones psíquicas se complica por la naturaleza misma de los contenidos psíquicos, que en general no ocupan un espacio físico, salvo en el ámbito de la sensación. ¿Cómo se podrían visualizar los pensamientos? ¿Son pequeños, grandes, delgados, pesados, fluidos, rectos, circulares o qué? Si se quisiera imaginar un ser no espacial de la cuarta dimensión, se podría tomar el pensamiento como modelo.

Sería más simple si se pudiera simplemente negar la existencia de la psique. Pero el ser humano se enfrenta a experiencias directas de algo que es, algo arraigado en su realidad tridimensional, medida y ponderada, pero que difiere notablemente de esta en todos sus aspectos y partes, aunque también la refleja. La psique puede ser vista como un punto matemático y, al mismo tiempo, como un universo de estrellas fijas. No es de extrañar que para la mente no sofisticada, un ser tan paradójico se aproxime a lo divino. Si no ocupa espacio, ¿cómo puede existir sin un cuerpo? Los cuerpos pueden morir, pero ¿puede desaparecer algo invisible e incorpóreo? Además, la vida y la psique existían antes de que se pudiera decir "yo", y cuando este "yo" desaparece, como en el sueño o la inconsciencia, la vida y la psique continúan, como se observa en otras personas y en los propios sueños. ¿Por qué se debería negar, ante tales experiencias, que el "alma" reside en un reino más allá del cuerpo? Se debe admitir que se encuentra tan pocas tonterías en esta supuesta superstición como en los descubrimientos de la investigación sobre la herencia o los instintos básicos.

Se comprende fácilmente por qué en el pasado se atribuía a la psique un conocimiento superior, e incluso divino, si se recuerda que desde tiempos primitivos, el ser humano siempre ha recurrido a los sueños y las visiones como fuentes de información. Es un hecho que el inconsciente contiene percepciones subliminales cuyo alcance es sorprendente. Reconociendo esto, las sociedades primitivas utilizaron los sueños y las visiones como importantes fuentes de información. Civilizaciones antiguas y duraderas, como la hindú y la china, se basaron en este principio y desarrollaron una disciplina de autoconocimiento que alcanzó un alto grado de refinamiento tanto en filosofía como en práctica.

La alta estima del inconsciente como fuente de conocimiento no es en absoluto una locura, como el racionalismo occidental tiende a suponer. Se tiende a creer que todo conocimiento proviene del exterior, pero hoy se sabe con certeza que el inconsciente contiene contenidos que ampliarían enormemente el conocimiento si solo se pudieran hacer conscientes. La investigación moderna sobre el instinto animal, como en los insectos, ha proporcionado hallazgos empíricos que muestran que si el ser humano actuara como ciertos insectos, tendría una inteligencia superior a la actual. No se puede probar que los insectos posean un conocimiento consciente, pero el sentido común sugiere que sus patrones de acción inconsciente son funciones psíquicas. El inconsciente humano también contiene todas las pautas de vida y comportamiento heredadas de sus antepasados, de modo que todo niño humano, antes de ser consciente, posee un sistema potencial de funcionamiento psíquico adaptativo. Además, en la vida consciente del adulto, este funcionamiento inconsciente e instintivo está siempre presente y activo. En esta actividad, el inconsciente percibe, tiene propósitos e intuiciones, siente y piensa como la mente consciente. Se encuentran pruebas suficientes de ello en el campo de la psicopatología y en la investigación de los procesos oníricos.

Solo hay una diferencia esencial entre el funcionamiento consciente e inconsciente de la psique. Mientras que la conciencia es intensa y concentrada, transitoria y enfocada en el presente inmediato y en el campo de atención inmediato, además de limitada a la experiencia de un individuo a lo largo de décadas, el inconsciente es difuso en la oscuridad, muy extenso y capaz de yuxtaponer elementos heterogéneos de manera paradójica. Además de las percepciones subliminales, contiene un vasto conjunto de factores hereditarios acumulados, dejados por generaciones tras generaciones, cuya existencia misma marca un paso en la diferenciación de la especie. Si fuera permisible personificar el inconsciente, se podría llamarlo un ser humano colectivo que combina características de ambos sexos, trasciende la juventud y la edad, el nacimiento y la muerte, y debido a su inmensa experiencia, es casi inmortal. Si tal ser existiera, estaría más allá de cualquier cambio temporal; el presente no significaría más ni menos para él que cualquier año del pasado; sería un soñador de sueños milenarios y, debido a su vasta experiencia, sería un pronosticador incomparable. Habría experimentado incontables veces la vida individual, familiar, tribal y nacional, y poseería un sentido agudo del ritmo del crecimiento, la florescencia y la decadencia.

Lamentablemente -o quizás, mejor dicho, afortunadamente-, lo que se está experimentando es un sueño. Aunque parece que el inconsciente colectivo, manifestado en los sueños, carece de consciencia sobre su propio contenido, no se puede estar seguro de ello, al igual que sucede con los insectos. El inconsciente colectivo no parece ser una entidad personal, sino más bien una corriente constante o quizás un océano de imágenes y figuras que emergen en la conciencia durante los sueños o en estados mentales anómalos.

Resultaría grotesco calificar de ilusión a este vasto sistema de experiencia de la psique inconsciente, ya que el cuerpo, tangible y visible, es en sí mismo un sistema similar. Aún conserva las marcas perceptibles de la evolución primitiva y, sin duda, opera como un todo con un propósito, de lo contrario, no se podría sobrevivir. Nadie sugeriría que la anatomía o la fisiología comparadas carecen de sentido. Por lo tanto, no se puede descartar el inconsciente colectivo como una ilusión, ni negarse a reconocerlo y estudiarlo como una valiosa fuente de conocimiento.

Desde una perspectiva externa, la psique parece ser esencialmente un reflejo de los eventos externos, no solo influenciada por ellos, sino también originada por ellos. Además, parece que el inconsciente solo puede ser comprendido desde fuera y desde el punto de vista de la conciencia. Es bien sabido que Freud intentó explicar desde este enfoque, un esfuerzo que solo podría tener éxito si el inconsciente fuera realmente algo que surgiera junto con la existencia y la conciencia del individuo. Sin embargo, la verdad es que el inconsciente siempre está presente como un sistema potencial de funcionamiento psíquico transmitido a través de generaciones. La conciencia es un descendiente tardío de la psique inconsciente. Sería incorrecto intentar explicar la vida de los antepasados en términos de sus descendientes tardíos, y es igualmente erróneo considerar el inconsciente como un derivado de la conciencia. Uno se acerca más a la verdad si invierte esta idea.

Este fue el punto de vista de épocas pasadas, que siempre consideraron que el alma individual dependía de un sistema-mundo del espíritu. No podían evitar hacerlo, ya que eran conscientes del valioso tesoro de experiencias oculto bajo el umbral de la conciencia transitoria del individuo. Estas épocas no solo formularon una hipótesis sobre el sistema-mundo del espíritu, sino que también asumieron sin dudas que este sistema era una entidad con voluntad y conciencia, incluso una persona, a la que llamaban Dios, la esencia misma de la realidad. Para ellos, era el ser más real, la causa primordial a través de la cual solo el alma podía comprenderse. Existe una justificación psicológica para esta suposición, ya que es apropiado llamar divino a un ser casi inmortal cuya experiencia, en comparación con la del ser humano, es casi eterna.

En lo anterior se ha señalado dónde surgen los problemas para una psicología que no busca explicar todo en términos físicos, sino que recurre a un mundo espiritual cuyo principio activo no es la materia y sus cualidades, ni ningún estado de energía, sino Dios. La filosofía moderna podría tentar a llamar Dios a la energía o al élan vital, y así unir el espíritu y la naturaleza en uno solo. Mientras esta empresa se mantenga en las nebulosas alturas de la filosofía especulativa, no habrá gran daño. Pero si se aplica esta idea en el terreno más concreto de la psicología práctica, donde las explicaciones influyen en la conducta cotidiana, se encontrarían grandes dificultades. No se profesa una psicología que solo se ajuste a los gustos académicos, ni se buscan explicaciones que carezcan de relevancia para la vida. Lo que se necesita es una psicología práctica que produzca resultados tangibles, que ayude a entender las cosas de manera que sea útil para el paciente. En la psicoterapia práctica, se hace un esfuerzo por preparar a las personas para la vida, y no se está autorizado a elaborar teorías que no afecten a los pacientes o incluso los perjudiquen. Aquí es donde surge una cuestión que a menudo implica un peligro significativo: la cuestión de si se basan las explicaciones en la materia o en el espíritu. Nunca se debe olvidar que todo lo espiritual es una ilusión desde el punto de vista naturalista, y que el espíritu, para asegurar su propia existencia, a menudo debe negar y superar un hecho físico molesto. Si solo se reconocen valores naturalistas y se explica todo en términos físicos, se desvalorizará, obstaculizará o incluso destruirá el desarrollo espiritual de los pacientes. Y si uno se aferra exclusivamente a una interpretación espiritual, se malinterpretará y coartará al ser humano en su derecho a existir como ser físico. No son pocos los casos de suicidio durante tratamientos psicoterapéuticos que se deben a tales errores. Si la energía es Dios, o Dios es energía, preocupa muy poco, porque, en cualquier caso, ¿cómo se puede saber? Pero para ofrecer explicaciones psicológicas adecuadas, se debe ser capaz de hacerlo.

El psicólogo contemporáneo no adopta una postura definida, sino que se sitúa entre ambas, en un peligroso equilibrio entre "esto y aquello", una posición que podría propiciar un oportunismo superficial. Este es, sin duda, el riesgo de la coincidentia oppositorum, la liberación intelectual de los contrarios. ¿Qué resultado podría surgir al otorgar igual valor a postulados contradictorios, sino una incertidumbre sin forma ni dirección? En contraposición, se puede apreciar claramente la ventaja de un principio explicativo inequívoco. Este ofrece un punto de referencia que puede orientar. Es innegable que uno se enfrenta a un dilema sumamente complicado. Se necesita un principio explicativo arraigado en la realidad, pero el psicólogo moderno ya no puede creer exclusivamente en el aspecto físico de la realidad después de haber reconocido la importancia del aspecto espiritual. Tampoco puede basarse únicamente en lo espiritual, pues no puede ignorar la validez relativa de una interpretación física.

La siguiente línea de razonamiento expone un intento de resolver este problema. El conflicto entre la naturaleza y la mente refleja la paradoja inherente al ser psíquico humano. Esto revela un aspecto material y otro espiritual que parecen contradecirse mientras no se comprenda la naturaleza de la vida psíquica. Siempre que, con la limitada comprensión humana, se deba pronunciar sobre algo que no se ha captado o no se puede captar, entonces -si se es honesto- se debe estar dispuesto a contradecirse y descomponer este algo en sus partes antitéticas para poder abordarlo de alguna manera. El conflicto entre los aspectos materiales y espirituales de la vida simplemente demuestra que lo psíquico es, en última instancia, algo incomprensible. Sin duda, los eventos psíquicos constituyen la única experiencia inmediata. Todo lo que se experimenta es de naturaleza psíquica.

Incluso el dolor físico es un evento psíquico que forma parte de la experiencia. Las impresiones sensoriales, aunque presentan un mundo de objetos tangibles que ocupan el espacio, son en realidad imágenes psíquicas, y solo estas constituyen la experiencia inmediata, ya que son los objetos directos de la conciencia. Incluso la propia psique transforma y distorsiona la realidad hasta tal punto que se debe recurrir a medios artificiales para determinar la verdadera naturaleza de las cosas fuera de uno mismo. Al hacerlo, se descubre que un sonido es en realidad una vibración del aire de cierta frecuencia, o que un color es una longitud de onda de luz de cierta extensión. El ser humano está tan inmerso en imágenes psíquicas que no puede penetrar en la esencia de las cosas exteriores a sí mismo. Todo conocimiento está condicionado por la psique, que, al ser lo único inmediato, es supremamente real. Aquí reside una realidad a la que el psicólogo puede apelar, a saber, la realidad psíquica.

Al profundizar en el significado de este concepto, parece que ciertos contenidos o imágenes psíquicas provienen de un entorno material, al que también pertenece el cuerpo, mientras que otros, no menos reales, parecen proceder de una fuente mental que parece ser muy distinta del entorno físico. Ya sea que se imagine el automóvil que se desea comprar o que se intente visualizar el estado actual del alma de un padre difunto, ya sea un hecho externo o un pensamiento lo que ocupe la mente, ambos son eventos psíquicos. La única diferencia radica en que un evento psíquico se refiere al mundo físico y el otro al mundo mental. Si se modifica el concepto de realidad para admitir que todos los eventos psíquicos son reales -y cualquier otro uso del concepto es inválido-, esto resuelve el conflicto entre la materia y la mente como principios explicativos contradictorios. Cada uno se convierte en una simple designación de la fuente específica de los contenidos psíquicos que emergen en el campo de conciencia. Si el fuego quema, no se cuestiona la realidad del fuego, pero si atormenta el temor de un fantasma, uno se consuela con la idea de que es solo una ilusión. Sin embargo, al igual que el fuego es la imagen psíquica de un proceso físico cuya naturaleza se desconoce, el temor al fantasma es una imagen psíquica de origen mental; es tan real como el fuego, ya que el miedo es tan real como el dolor causado por el fuego. Respecto al proceso mental subyacente al temor al fantasma, es tan desconocido como lo es la naturaleza última de la materia. Y de la misma manera que nunca se intentaría explicar la naturaleza del fuego sin recurrir a los conceptos de la química y la física, tampoco se intentaría explicar el miedo a los fantasmas sin referirse a procesos mentales.

El hecho de que toda experiencia inmediata sea psíquica explica por qué el ser humano primitivo sitúa la aparición de fantasmas y los efectos de la magia en un plano con los acontecimientos físicos. Aún no ha dividido sus experiencias ingenuas en sus partes antitéticas. En su mundo, la mente y la materia aún se interpenetran, y sus dioses aún vagan por el bosque y el campo. Es como un niño, a medio nacer, todavía encerrado en un estado de ensoñación dentro de su propia psique y del mundo tal como es en realidad, un mundo todavía no distorsionado por las dificultades de comprensión que acosan a una inteligencia naciente. Cuando el mundo primitivo se desintegró en espíritu y naturaleza, Occidente rescató la naturaleza para sí. Era propenso a creer en la naturaleza, y solo se enredaba más en ella con cada doloroso esfuerzo por hacerse espiritual. Oriente, por el contrario, tomó la mente como propia, y al explicar la materia como mera ilusión (maya), continuó soñando en la suciedad y la miseria asiáticas. Pero como solo hay una tierra y una humanidad, Oriente y Occidente no pueden dividir a la humanidad en dos mitades diferentes. La realidad psíquica existe en su unidad original, y espera el avance del ser humano hacia un nivel de conciencia en el que ya no crea en una parte y niegue la otra, sino que reconozca a ambas como elementos constitutivos de una sola psique.

Se puede señalar la idea de la realidad psíquica como el logro más importante de la psicología moderna, aunque apenas se reconozca como tal. Parece solo cuestión de tiempo que esta idea sea generalmente aceptada. Debe ser aceptada, porque solo ella permite hacer justicia a las manifestaciones psíquicas en toda su variedad y singularidad. Sin esta idea es inevitable que se expliquen las experiencias psíquicas de una manera que violenta a la mitad de ellas, mientras que con ella se puede dar su merecido a ese lado de la experiencia psíquica que se expresa en la superstición y la mitología, la religión y la filosofía. Y este aspecto de la vida psíquica no debe infravalorarse. La verdad que apela al testimonio de los sentidos puede satisfacer a la razón, pero no ofrece nada que conmueva los sentimientos y los exprese dando un sentido a la vida humana. Sin embargo, lo más frecuente es que el sentimiento sea decisivo en cuestiones de bien y mal, y si el sentimiento no acude en ayuda de la razón, esta suele ser impotente. ¿Acaso salvaron la razón y las buenas intenciones de la Guerra Mundial, o han salvado alguna vez de cualquier otro disparate catastrófico? ¿Alguna de las grandes revoluciones espirituales y sociales ha surgido del razonamiento, digamos la transformación del mundo grecorromano en la era del feudalismo, o la explosiva expansión de la cultura islámica?

Como médico, por supuesto, el deber no es ocuparse directamente de estas cuestiones mundiales, sino de los enfermos. Hasta hace poco, la medicina partía del supuesto de que la enfermedad debía tratarse y curarse por sí misma; sin embargo, ahora se oyen voces que declaran que este punto de vista es erróneo, y exigen el tratamiento de la persona enferma, y no de la enfermedad. La misma exigencia se impone en el tratamiento del sufrimiento psíquico. Cada vez más se desvía la atención de la enfermedad visible y se dirige al ser humano en su totalidad. Se ha llegado a comprender que el sufrimiento psíquico no es un fenómeno definitivamente localizado, nítidamente delimitado, sino más bien el síntoma de una actitud errónea asumida por la personalidad total. Por lo tanto, no se puede esperar una curación completa como resultado de un tratamiento restringido al problema en sí, sino solo de un tratamiento de la personalidad como un todo.

Recuerdo un caso muy instructivo a este respecto que Carl Jung atendió. Se trataba de un joven muy inteligente que había elaborado un análisis detallado de su propia neurosis tras un serio estudio de la literatura médica. Le trajo a Jung sus conclusiones en forma de una monografía precisa y bien escrita, apta para su publicación, y le pidió que leyera el manuscrito y le dijera por qué no estaba curado. Debía estarlo según el veredicto de la ciencia tal como él la entendía. Después de leer su monografía, Jung se vio obligado a concederle que, si solo se tratara de una cuestión de comprensión de las conexiones causales de una neurosis, en verdad debería estar curado. Como no lo estaba, supuso que se debía a que su actitud ante la vida era fundamentalmente errónea, aunque tuvo que admitir que sus síntomas no lo delataban. Al leer el relato de su vida, Jung se dio cuenta de que a menudo pasaba el invierno en St. Moritz o Niza. Le preguntó entonces quién pagaba esas vacaciones, y se enteró de que una pobre maestra de escuela que lo amaba se había privado cruelmente de él para complacerlo en esas visitas a lugares de placer. Su falta de conciencia fue la causa de su neurosis, y no es difícil ver por qué la comprensión científica no le ayudó. Su error fundamental residía en su actitud moral. La forma de ver la cuestión de Jung le parecía escandalosamente acientífica, porque la moral no tiene nada que ver con la ciencia. Suponía que, invocando el pensamiento científico, podría disipar la inmoralidad que él mismo no podía digerir. Ni siquiera admitió que existiera un conflicto, porque su amante le dio el dinero por su propia voluntad.

Se puede adoptar la postura científica que se desee, pero es innegable que la mayoría de las personas civilizadas no pueden tolerar ese tipo de comportamiento. La actitud moral es un factor real en la vida, al que el psicólogo debe prestar atención si quiere evitar cometer errores graves. También debe tener en cuenta que para muchas personas, ciertas convicciones religiosas, aunque no estén basadas en la razón, son una necesidad vital. Estas convicciones son también realidades psicológicas que pueden causar o curar enfermedades. Con frecuencia Jung escuchaba a pacientes exclamar: "Si supiera que mi vida tiene algún sentido y propósito, entonces no tendría estos problemas nerviosos". La riqueza, la posición social o la falta de ellas no cambian esta realidad, ya que las circunstancias externas no dan sentido a la vida. Es más bien una cuestión de la necesidad irracional de lo que podría llamarse una vida espiritual, que no puede ser satisfecha por universidades, bibliotecas o incluso iglesias. No pueden aceptar lo que estas instituciones ofrecen porque solo llega a sus mentes y no conmueve sus corazones. En estos casos, es vital que el médico reconozca los factores espirituales en su verdadera luz, y el inconsciente del paciente puede ayudar en esta necesidad mediante la producción de sueños innegablemente religiosos. No reconocer la fuente espiritual de tales contenidos significa un tratamiento defectuoso y un fracaso.

Las concepciones generales de naturaleza espiritual son componentes indispensables de la vida psicológica. Se pueden observar en todos los pueblos cuyo nivel de conciencia les permite estar en cierto grado articulados. Por lo tanto, la ausencia relativa o la negación de estas concepciones por parte de un pueblo civilizado debe considerarse como un signo de degeneración. Si bien hasta ahora la psicología se ha centrado principalmente en los procesos psicológicos desde una perspectiva de causalidad física, la tarea futura será investigar sus determinantes espirituales. Sin embargo, la comprensión del aspecto espiritual de la psique está aún en pañales. Es como si la historia natural de la mente estuviera en la misma etapa en la que se encontraba la ciencia natural en el siglo XIII. Apenas se está comenzando a registrar científicamente las experiencias espirituales.

Si la psicología moderna puede enorgullecerse de haber descubierto algo, es haber quitado la cubierta que ocultaba el aspecto biológico de la psique humana al investigador. La situación actual puede compararse con la de la medicina en el siglo XVI, cuando se comenzó a estudiar la anatomía pero aún no se tenía idea de la fisiología. El aspecto espiritual de la psique sigue siendo fragmentario. Se sabe que hay procesos de transformación espiritual en la psique que subyacen a ritos de iniciación de pueblos primitivos o estados inducidos por la práctica del yoga hindú, pero aún no se han determinado sus regularidades o leyes específicas. Solo se sabe que muchas neurosis surgen de una alteración en estos procesos. La investigación psicológica todavía no ha desentrañado todos los velos que cubren el cuadro completo de la psique humana; sigue siendo tan inaccesible y oscura como todos los secretos profundos de la vida. Solo se puede hablar de lo que se ha intentado y de lo que se espera hacer en el futuro para intentar resolver este gran enigma.

Ahora que hemos explorado los fundamentos de la psicología analítica de Jung, incluyendo conceptos clave como el inconsciente colectivo, los arquetipos y la individuación, estamos preparados para sumergirnos en uno de los arquetipos más universales y significativos: el arquetipo del héroe. En el siguiente capítulo, examinaremos en detalle cómo se manifiesta este arquetipo en mitos, sueños y el viaje psicológico de la individuación.

El Arquetipo del Héroe y sus Raíces Inconscientes

Con las bases de la psicología junguiana establecidas en el capítulo anterior, es momento de adentrarnos en el fascinante mundo del arquetipo del héroe. Este arquetipo, profundamente arraigado en el inconsciente colectivo, se manifiesta en una amplia gama de mitos, leyendas y sueños en diversas culturas a lo largo de la historia.

En este capítulo, se explora la personificación de la libido bajo diversas formas; y el simbolismo abandona su carácter impersonal y neutro, propio de los símbolos astrales y meteorológicos, para adoptar una forma humana: la figura de un ser que oscila entre la tristeza y la alegría, como el sol que alcanza su cenit y luego se sumerge en la noche más oscura, solo para renacer con un nuevo esplendor. Así como el sol sigue un curso determinado, ascendiendo desde la mañana hasta el mediodía para luego descender hacia el atardecer y sumergirse en la noche, la humanidad también sigue un camino regido por leyes invariables. Al completar su ciclo, se sumerge en la oscuridad para renacer en una nueva mañana, en una nueva generación.

La transición simbólica del sol al ser humano es natural y comprensible. Carl Jung describe el caso de una paciente que experimentó una fantasía hipnagógica, un "poema hipnagógico", y ofrece detalles sobre las circunstancias que rodearon el origen de esta fantasía. La paciente, después de una noche de preocupaciones y ansiedades, se acostó a dormir alrededor de las once y media. A pesar del cansancio, se sentía excitada e incapaz de conciliar el sueño. En la oscuridad de la habitación, cerró los ojos y experimentó una sensación de inminencia, una sensación de relajación general mientras se mantenía lo más pasiva posible. Ante sus ojos comenzaron a aparecer líneas, chispas y espirales brillantes, seguidas de un remolino caleidoscópico de eventos triviales recientes.

Lamentablemente, se desconocen las razones detrás de las preocupaciones y ansiedades de la paciente. Esta falta de información sobre el período de cuatro años entre su primera fantasía y la descrita aquí es notable. Sin embargo, esta laguna en el conocimiento puede tener sus ventajas, ya que permite centrar el interés en la aplicabilidad universal de la fantasía, en lugar de desviarse hacia el análisis del destino personal de la paciente. Esto libera del tedioso trabajo de los detalles para enfocarse en la conexión más amplia que revela cómo cada conflicto neurótico está vinculado al destino humano en su conjunto.

El estado descrito por la paciente se asemeja al precursor del sonambulismo intencional, a menudo descrito por médiums espiritistas. Se presupone una cierta inclinación a escuchar estas voces nocturnas; de lo contrario, experiencias interiores tan sutiles y apenas perceptibles pasarían desapercibidas. En esta escucha, se reconoce una corriente de la libido que se dirige hacia el interior y comienza a fluir hacia una meta aún invisible y misteriosa. Parece que la libido ha descubierto de repente un objeto en las profundidades del inconsciente que la atrae poderosamente. La vida del ser humano, orientada hacia lo externo por naturaleza, normalmente no permite tal introversión; por lo tanto, se debe suponer una cierta condición excepcional, como la falta de objetos externos, que obliga al individuo a buscar un sustituto en su propia alma.

Es difícil imaginar que este mundo, tan rico en posibilidades, se haya vuelto demasiado pobre para ofrecer un objeto digno del amor humano. No obstante, la incapacidad para amar es lo que priva a la humanidad de sus oportunidades. Este mundo no está vacío para aquellos que saben dirigir su libido hacia los objetos y hacerlos vivos y hermosos, porque la belleza reside en el sentimiento que les damos. Lo que lleva a crear un sustituto de uno mismo no es la falta externa de objetos, sino la incapacidad para incluir amorosamente algo fuera de uno mismo. Aunque las dificultades de la vida y las adversidades puedan oprimir, nunca podrían impedir la entrega de la libido. De hecho, estas dificultades pueden incluso estimular a esforzarse más, convirtiendo toda la libido en realidad. Sin embargo, las dificultades reales por sí solas nunca podrían llevar a la libido a retroceder permanentemente hasta el punto de generar una neurosis. Para que esto ocurra, se necesita un conflicto, que es la condición previa de toda neurosis.

La resistencia, que se opone al amor, es la única que tiene el poder de producir esa introversión patógena que es el punto de partida de todas las perturbaciones psicógenas. La resistencia contra el amor produce la incapacidad para amar. La libido normal se vierte constantemente en el mundo real, mientras que la resistencia, dinámicamente considerada, actúa como un flujo que retrocede hacia la fuente. Una parte del alma desea el objeto exterior, mientras que otra parte se sumerge en el mundo subjetivo de la fantasía. Esta dualidad de la voluntad, llamada "ambitendencia" por Bleuler, es una condición generalmente presente, donde incluso el impulso motor más primitivo está en oposición. Esta ambivalencia normal nunca lleva a la inhibición del acto deseado, sino que es un requisito previo indispensable para su perfección y coordinación.

La resistencia surge de un tercero anormal añadido a esta dualidad de la voluntad. Este tercer elemento libera los opuestos, que normalmente están unidos, y los convierte en tendencias separadas, dando lugar a la voluntad y la falta de voluntad que interfieren entre sí. Esta desarmonía resulta de la armonía original. No es tarea de este capítulo indagar de dónde surge este tercer elemento desconocido y qué es. Sin embargo, en el caso de los pacientes, el "complejo nuclear" de Freud se revela como el problema del incesto. La libido sexual, al retroceder hacia los padres, se manifiesta como la tendencia incestuosa. La indolencia de la humanidad, que retiene para siempre cualquier objeto del pasado, puede ser la razón por la cual este camino hacia el incesto se recorre tan fácilmente. Este aferramiento al pasado se revela como una detención pasiva de la libido en su primer objeto de la infancia. Esta indolencia es también una pasión, como lo ha expresado brillantemente La Rochefoucauld:

"De todas las pasiones, la menos conocida por nosotros es la indolencia: es la más ardiente y maligna de todas, aunque su violencia pueda ser insensible, y las heridas que causa puedan estar ocultas; si consideramos atentamente su poder, veremos que se hace, en todas las ocasiones, señora de nuestros sentimientos, de nuestros intereses y de nuestros placeres; es el ancla, que tiene el poder de detener los barcos más grandes; es una calma más peligrosa para los asuntos más importantes que las rocas y la peor tempestad. El reposo de la indolencia es un secreto encanto del alma que detiene de repente las más ardientes búsquedas y las más firmes resoluciones; finalmente, para dar la verdadera idea de esta pasión, hay que decir que la indolencia es como una beatitud del alma que la consuela de todas sus pérdidas y ocupa el lugar de todas sus posesiones."

Esta pasión peligrosa, que se encuentra por encima de todas las demás en el ser humano primitivo, se manifiesta bajo la máscara amenazante del símbolo del incesto, del cual el miedo al incesto debe alejar y que debe ser superado, en primer lugar, bajo la imagen de la "madre terrible". Esta figura es la madre de numerosos males, entre los cuales los trastornos neuróticos ocupan un lugar destacado. Especialmente de los vapores de los residuos detenidos de la libido surgen imágenes perjudiciales que oscurecen tanto la realidad que la adaptación se vuelve casi imposible.

Sin embargo, no se explorará más en este lugar los fundamentos de las fantasías incestuosas. La indicación preliminar de una concepción puramente psicológica del problema del incesto puede ser suficiente. Aquí, lo que interesa es determinar si la resistencia que conduce a la introversión en la paciente es consciente o no. Si fuera una dificultad externa, la libido sería represada violentamente y produciría un torrente de fantasías, que podrían ser consideradas como planes concretos para superar los obstáculos. Serían ideas muy prácticas destinadas a allanar el camino hacia soluciones reales. Sin embargo, la condición pasiva descrita anteriormente no se ajusta en absoluto a un obstáculo externo real, sino que, precisamente por su sumisión pasiva, indica una tendencia que, sin duda, desprecia las soluciones reales y prefiere los sustitutos fantasiosos. En última instancia, se trata de un conflicto interno, similar a los que dieron lugar a las dos primeras creaciones inconscientes.

Por lo tanto, es necesario concluir que el objeto externo no puede ser amado porque una cantidad predominante de libido prefiere un objeto fantasmático, que debe ser extraído de las profundidades del inconsciente como una compensación por la realidad que falta.

Los fenómenos visionarios que se producen en los primeros estadios de la introversión se clasifican entre los conocidos fenómenos de la visión hipnagógica. Constituyen, como se explicó en un trabajo anterior, la base de las verdaderas visiones de las autorevelaciones simbólicas de la libido, como se puede expresar ahora.

La paciente continúa describiendo su experiencia:

"Entonces tuve la impresión de que alguna comunicación era inminente. Me pareció como si resonaran en mí las palabras: 'Habla, Señor, que tu sierva escucha; abre mis oídos'".

Este pasaje describe muy claramente la intención; la expresión "comunicación" es incluso un término común en los círculos espiritistas. Las palabras bíblicas contienen una clara invocación o "oración", es decir, un deseo (libido) dirigido hacia lo divino (el complejo inconsciente). La oración hace referencia a Samuel, i:3, donde Samuel fue llamado tres veces por Dios durante la noche, pero creyó que era Elí quien lo llamaba, hasta que éste le informó que era Dios mismo quien hablaba y que debía responder si su nombre era llamado de nuevo: "¡Habla, Señor, que tu siervo oye!". La paciente utiliza estas palabras en sentido inverso, es decir, para convocar a Dios. Con ello, dirige sus deseos, su libido, hacia las profundidades de su inconsciente.

Es sabido que, aunque los individuos están muy separados por las diferencias en los contenidos de su conciencia, son muy similares en su psicología inconsciente. Es una impresión significativa para aquellos que trabajan en psicoanálisis práctico cuando se dan cuenta de lo uniformes que son los complejos inconscientes típicos. La diferencia surge principalmente de la individualización. Este hecho da una profunda justificación psicológica a una parte esencial de las filosofías de Schopenhauer y Hartmann. La uniformidad muy evidente del mecanismo inconsciente sirve de base psicológica para estos puntos de vista filosóficos. El inconsciente contiene los residuos diferenciados de las funciones psicológicas anteriores, superadas por la diferenciación individual. Las reacciones y los productos de la psique animal son de una uniformidad y solidez generalmente difusas, que entre los seres humanos pueden descubrirse solo en trazas. El ser humano aparece como algo extraordinariamente individual en contraste con los animales.

Este podría ser un engaño significativo, ya que se tiende a enfocarse únicamente en las diferencias entre las cosas. Esto es necesario para la adaptación psicológica, sin la cual sería imposible. Sin embargo, se tiene dificultades para reconocer las similitudes entre las cosas con las que se lidia en la vida cotidiana. Este reconocimiento es más fácil con cosas que están más alejadas. Por ejemplo, para un europeo, distinguir entre los rostros en una multitud china es casi imposible, aunque los chinos tienen características faciales tan individuales como los europeos. Sin embargo, cuando se vive entre los chinos, la impresión de su uniformidad disminuye gradualmente y se comienza a percibirlos como individuos. La individualidad es una realidad condicional que, aunque tiene una importancia práctica significativa, no es fundamental para una ciencia que se basa en hechos generales y universalmente evidentes en primer lugar.

El contenido individual de la conciencia es especialmente desafiante para la psicología, ya que oscurece lo universalmente válido hasta hacerlo irreconocible. La esencia de la conciencia es el proceso de adaptación que ocurre en los detalles más minuciosos. Por otro lado, el inconsciente es generalmente difuso y conecta a los individuos entre sí y con los pueblos del pasado. Por lo tanto, el inconsciente, al ser más general que el individuo, es el principal objeto de estudio de una psicología verdadera, que aspira a ser no solo psicofísica.

Desde un punto de vista biológico, el ser humano como individuo podría ser cuestionado, ya que solo tiene significado como parte de una masa racial. Sin embargo, desde un punto de vista ético, el ser humano tiene una tendencia individual que lo separa de la masa, lo que ha llevado al desarrollo de la personalidad y al culto al héroe, manifestado en el moderno culto individualista a los personajes. Esto se refleja en los intentos de la teología racionalista de retener a Jesús como un remanente divino. A pesar de ello, los seres humanos no aman al Dios visible como es, sino que aman las ideas que proyectan en Él, es decir, su inconsciente, que es una herencia común a todos los seres humanos. Este repliegue temporal sobre sí mismo, que implica una regresión al vínculo infantil con el padre, parece tener un efecto favorable dentro de ciertos límites en la condición psicológica del individuo. En general, tanto la transferencia como la introversión pueden ser métodos adecuados de reacción contra los complejos, como medio de escapar de ellos hacia la realidad o de separarse de la realidad a través de ellos, respectivamente.

Después de haber explorado los propósitos generales de la oración, se está listo para adentrarse más en la visión de la paciente. Después de la oración, se presentó "la cabeza de una esfinge con un tocado egipcio", desapareciendo rápidamente, lo que turbó a la paciente, despertándola momentáneamente. Esta visión recuerda la fantasía previamente mencionada de la estatua egipcia, cuyo gesto rígido cobra sentido como un fenómeno de la llamada categoría funcional. La palabra "Esfinge" en la cultura civilizada implica un enigma, una criatura desconcertante que propone acertijos, como la Esfinge de Edipo, que simboliza la inevitabilidad de su destino. La Esfinge representa una forma semi-teriomorfa de la "imagen materna", también conocida como la "madre terrible", que tiene sus raíces en la mitología.

Aquí surge una pregunta: ¿por qué se alude a la Esfinge de Edipo si, aparte de la palabra "Esfinge", no hay justificación para ello en el relato? Dado que el material de la paciente carece de detalles subjetivos sobre esta visión, una interpretación individual queda excluida. Por lo tanto, para entender esta visión, es necesario recurrir a material etnográfico disponible, asumiendo que el inconsciente del ser humano actual forma sus símbolos de la misma manera que lo hizo en el pasado remoto.

La figura de la Esfinge, en su forma tradicional, es una criatura mitad humana, mitad animal, cuya interpretación debe ser aplicada a tales productos fantasmáticos. Se refiere a representaciones teriomórficas de la libido, que son comunes en sueños y fantasías neuróticas. Estos seres mixtos simbolizan la sexualidad reprimida, cuyas raíces se remontan al problema del incesto y las primeras resistencias morales contra la sexualidad. Los símbolos teriomórficos tienden a representar al padre y a la madre, siendo la Esfinge un reflejo del miedo a la madre.

En la leyenda de Edipo, la Esfinge representa el miedo a la madre, y su derrota por Edipo lo lleva a casarse con Yocasta, su madre. La genealogía de la Esfinge está llena de alusiones al problema del incesto y la represión sexual. Estos materiales permiten entender la cantidad de libido que dio origen al símbolo de la Esfinge, representando una cantidad incestuosa de libido desvinculada del vínculo con la madre. Sin embargo, es prudente aplazar conclusiones hasta examinar las siguientes visiones.

Después de que la paciente recuperara su concentración, la visión continuó desarrollándose:

"De repente, apareció un azteca, completamente claro en todos los detalles; con las manos abiertas, de grandes dedos, y la cabeza de perfil, adornada con un tocado similar a los ornamentos de plumas de los indios americanos. En conjunto, sugería de alguna manera la escultura mexicana".

En este punto, el antiguo carácter egipcio de la Esfinge se sustituye por la antigüedad americana, por el azteca. La idea esencial no es ni Egipto ni México, ya que ambos no son intercambiables; más bien, es el factor subjetivo que la paciente produce a partir de su propio pasado. En el análisis de pacientes americanos, se ha observado con frecuencia que ciertos complejos inconscientes, es decir, la sexualidad reprimida, están representados por el símbolo de un negro o de un indio; por ejemplo, cuando un europeo cuenta en su sueño: "Entonces llegó un individuo harapiento y sucio", para los americanos y para los que viven en los trópicos se trata de un negro. Cuando con los europeos es un vagabundo o un criminal, con los americanos es un negro o un indio que representa la propia personalidad sexual reprimida del individuo, y al que se considera inferior.

Ahora, es relevante explorar en detalle esta visión, ya que hay varios aspectos dignos de mención. Por ejemplo, el tocado de plumas, que seguramente consistiría en plumas de águila, tiene un significado mágico. Al adornarse con plumas, el héroe asume el carácter solar del águila, y la cresta de plumas también equivale a los rayos del Sol. La importancia histórica de identificarse con el Sol ya se ha abordado anteriormente.

Además, destaca la descripción de la mano, enfatizada como "abierta" y con "grandes dedos". Es significativo que el énfasis recaiga en la mano en lugar de la expresión facial, ya que el gesto de la mano es significativo en muchos contextos. Aunque aquí no se conocen los detalles específicos, vale la pena mencionar una fantasía paralela que también pone énfasis en las manos. Un paciente hipnagógico vio a su madre pintada en una pared, con una mano levantada, abierta y con dedos grandes, reminiscentes de los dedos de una rana con discos chupadores en los extremos, y luego asoció esta imagen con el pene. Esta asociación fálica se relaciona con el papel generativo de la mano en la producción del fuego, y es significativo que se trate de la mano de la madre.

Es interesante notar que la visión del azteca reemplaza a la Esfinge y apunta a fantasías paralelas donde la mano fálica pertenece a la madre. Además, la conexión con lo antiguo, que a menudo simboliza lo "infantil", se confirma por la propia experiencia de la paciente, quien en su infancia se interesaba especialmente por los fragmentos aztecas y la historia del Perú y de los incas.

A través de los análisis sobre niños que se han discutido, se ha obtenido una comprensión del universo infantil, identificando los intereses y dudas que frecuentemente inquietan a los padres, quienes suelen ser el foco principal de atención para sus hijos durante mucho tiempo. Por tanto, se puede inferir que las referencias a figuras antiguas a menudo se relacionan con los padres, lo que sugiere que este personaje azteca podría representar a alguna figura parental. Los indicios llevan principalmente hacia la madre, algo que no sorprende en el caso de una joven americana, dada la notable presencia del complejo materno en los Estados Unidos, impulsado por el distanciamiento del padre y el particular estatus social de la mujer en el país, que fomenta una forma de masculinidad entre las mujeres más capaces.

Posteriormente, la paciente experimentó la sensación de que un nombre se formaba gradualmente y se asociaba con este azteca, identificándolo como "el hijo de un inca de Perú", llamado "Chi-wan-to-pel". Este nombre, según indica, evoca recuerdos de su infancia. Nombrar, similar al acto de bautizar, es crucial en la conformación de la personalidad, ya que desde la antigüedad se cree que el nombre posee un poder mágico, capaz de invocar espíritus. Tener conocimiento del nombre de alguien otorga un tipo de dominio sobre esa persona en varias mitologías.

Un ejemplo es el cuento de "Rumpelstilzchen" y el mito egipcio en el que Isis obtiene poder sobre el dios del Sol Rê al conocer su verdadero nombre. Por tanto, asignar un nombre es dotar de poder y una identidad definida.

Respecto al nombre "Chi-wan-to-pel", la paciente lo asocia con el imponente "Popocatépetl", un nombre que trae a la memoria recuerdos escolares marcados y, a menudo, reaparece en análisis de sueños o fantasías, cargado de viejos chistes escolares. Aunque pueda parecer trivial, es relevante explorar el porqué de estos recuerdos y su persistencia, así como la elección específica de "Popocatépetl" en lugar de otros nombres igualmente significativos.

Jung compartió una anécdota de un paciente que desde niño imaginaba su acto de defecar como una erupción volcánica, demostrando cómo los términos para fenómenos naturales a menudo se derivan de la observación directa y la experiencia personal, sin un enfoque poético inicial. Por ejemplo, el término "estrella fugaz" se describe de manera muy literal en diferentes culturas, lo que refleja la tendencia a utilizar expresiones de la vida cotidiana para explicar fenómenos naturales. Este enfoque pragmático y directo resalta cómo las expresiones se forman a partir de las experiencias más inmediatas y accesibles.

Resulta enigmático por qué la figura mística de Chiwantopel, a la que la paciente compara con un espíritu guía de un médium, se asocia con un tema tan controvertido como es la parte específica del cuerpo humano. Para desentrañar este misterio, es crucial reconocer que al acceder a contenidos del inconsciente, a menudo emergen primero aquellos materiales infantiles olvidados. Por ello, es necesario adoptar la perspectiva de aquel momento en que dichos materiales estaban aún presentes y activos. Si un objeto de gran estima se vincula inconscientemente con el ano, se debe interpretar que esto representa una valoración elevada. La cuestión radica en si esta asociación es coherente con la psicología infantil. Antes de abordar esta pregunta, es importante destacar que la región anal se asocia estrechamente con la veneración, como lo ilustran diversas tradiciones y narrativas culturales que, a primera vista, podrían sorprender.

Jung mencionó el caso de una paciente que mostraba un profundo respeto por su padre y lo imaginaba sentado con dignidad en el baño mientras los transeúntes lo saludaban con entusiasmo. Esto demuestra que la asociación con aspectos anales no impide en absoluto una valoración elevada. Ejemplos culturales y religiosos sugieren que lo más despreciable puede estar íntimamente relacionado con lo más valioso, como se observa en la conexión simbólica entre las heces y el oro.

Jung también compartió el caso de un paciente joven, profundamente religioso, que soñaba con la figura crucificada en el fondo de un orinal adornado con flores azules, representándola de manera que podría parecer blasfema. Este contraste subraya que las valoraciones en la infancia difieren significativamente de las de la adultez. Los niños otorgan al acto de defecar y a sus productos una importancia y un interés que, fuera de la hipocondría, solo se replicaría en la adultez bajo circunstancias muy específicas. Este interés se entiende mejor al reconocer que desde muy temprano, los niños asocian estos actos con la creación y la producción, una teoría que relacionan con la procreación y que se manifiesta en sus juegos y fantasías.

Por ejemplo, una niña imaginaba que, desde una grieta en la pared del baño, emergía un hada que le concedía deseos. Este "lugar" se convierte así en un espacio de ensueño y creación, demostrando cómo lo más cotidiano puede adquirir un significado profundo en la psique infantil. Incluso en la patología, Jung encontró ejemplos de individuos que, en su delirio de grandeza, imaginaban crear el mundo de una manera que reflejaba estas asociaciones infantiles.

Finalmente, Jung mencionó el caso de una paciente que había sido separada de su familia bajo circunstancias trágicas y mostró a través de una acción aparentemente desconcertante -cubrirse de excrementos- un intento de reconexión afectiva. Este acto, inicialmente interpretado como una ofensa, puede entenderse desde una perspectiva infantil como una expresión de afecto y bienvenida, subrayando cómo las valoraciones y significados pueden variar enormemente según el contexto psicológico y cultural.

La concepción de Chiwantopel, entendida como una manifestación del inconsciente, se interpreta, conforme a las explicaciones previas, como un acto de autogeneración, producción o invención personal. Esta figura simboliza una forma de creación o nacimiento humano a través de un proceso analógico, recordando antiguas creencias donde los primeros seres humanos fueron moldeados a partir de excrementos, tierra de alfarero o arcilla. El término latino "lutum", que se traduce comúnmente como "barro" o "tierra húmeda", también puede referirse a la suciedad y es utilizado en contextos peyorativos por Plauto, quien lo equipara con "escoria".

El concepto de nacimiento anal evoca igualmente la idea de regresión o retorno, ejemplificado en el mito de Deucalión y Pirra, quienes tras el diluvio, reciben la orden oracular de arrojar "los huesos de su gran madre" detrás de ellos, lo que resulta en el nacimiento de la humanidad a partir de las piedras que lanzaron. De manera similar, los Dactyli, según la tradición, emergieron del polvo que la ninfa Anchiale dispersó detrás de sí. Además, en la cultura popular, los excrementos a menudo se asocian con el humor, considerándose un tipo de monumento o testimonio, especialmente en anécdotas que destacan su uso como marcadores de dirección o hitos.

Resulta interesante que la paciente mencione la súbita aparición en su conciencia de otro nombre, A-ha-ma-ra-ma, que evoca asociaciones con lo asirio. Reflexiona sobre una posible conexión con "Asurabama, fabricante de ladrillos cuneiformes", lo que remite a los documentos de arcilla como testimonios perdurables de la historia antigua. El énfasis en que los ladrillos son "cuneiformes" podría interpretarse, en un sentido amplio, como "ladrillos en forma de cuña", sugiriendo una lectura que va más allá de la mera descripción física para abrazar la interpretación simbólica propuesta por la paciente, enlazando así con la temática de creación y memoria histórica a través de elementos fundamentales y cotidianos transformados en objetos de valor perdurable.

La paciente menciona que, además del nombre "Asurabama", también consideró "Ahasuerus" o "Ahasverus". Esta fantasía lleva a un aspecto muy distinto del dilema de la personalidad inconsciente. Mientras que los materiales anteriores daban una pista sobre la teoría infantil de la creación, esta fantasía ofrece una visión de la dinámica de la creación inconsciente de la personalidad. Ahasver, como se sabe, es el Judío Errante; se caracteriza por un viaje interminable e inquieto hasta el fin del mundo. El hecho de que la paciente haya considerado este nombre en particular da motivos para seguir esta pista.

La leyenda de Ahasver, cuyos primeros vestigios literarios datan del siglo XIII, parece tener un origen occidental y pertenece a esas ideas que poseen una energía vital indestructible. La figura del Judío Errante ha sido objeto de más elaboración literaria que la figura de Fausto, y casi toda esta obra pertenece al siglo pasado. Incluso si la figura no se llama

Ahasver, todavía está presente bajo otro nombre, tal vez como Conde de St. Germain, el enigmático Rosacruz cuya inmortalidad estaba asegurada, y cuya residencia temporal (la tierra) era igualmente conocida.

Aunque los relatos sobre Ahasver no se remontan más allá del siglo XIII, la tradición oral podría tener un origen más antiguo, y no es imposible que exista una conexión con Oriente. Existe la figura paralela de Chidr, o "al Chadir", el "siempre joven Chidher" celebrado en una canción por Rueckert. La leyenda es puramente islámica. La peculiaridad, sin embargo, es que Chidher no es solo un santo, sino que en los círculos sufíes alcanza incluso un significado divino. Dada la naturaleza estrictamente monoteísta del Islam, se podría considerar a Chidher como una divinidad árabe preislámica que difícilmente sería reconocida oficialmente por la nueva religión, pero que podría haber sido tolerada por razones políticas. Sin embargo, no hay evidencia que lo respalde. Las primeras referencias a Chidher se encuentran en los comentarios del Corán, Buchâri y Tabare, así como en un comentario a un pasaje notable de la sura decimoctava del Corán.

La sura decimoctava se titula "La Cueva", en referencia a los siete durmientes que, según la leyenda, descansaron allí durante 309 años, escapando así a la persecución y despertando en una nueva era. Su historia se cuenta en la sura XVIII y está asociada con varias reflexiones. La idea de la realización de deseos de la leyenda es clara. El material místico de la misma es el modelo inmutable del curso del Sol. El Sol se pone periódicamente, pero no muere. Se oculta en el vientre del mar o en una cueva subterránea, y por la mañana "nace de nuevo", completo. El lenguaje simbólico que describe este evento astronómico es claro; el Sol regresa al vientre de la madre y, después de un tiempo, renace. Por supuesto, este evento es esencialmente un acto incestuoso, del cual, en la mitología, aún hay claras huellas, siendo una de las más destacadas el hecho de que los dioses moribundos y resucitados son amantes de sus propias madres o se engendran a sí mismos a través de ellas. Cristo como "Dios hecho carne" se ha concebido a sí mismo a través de María; Mitra ha hecho lo mismo. Estos dioses son inequívocamente dioses solares, ya que el Sol también hace esto para renovarse. Por supuesto, no se debe suponer que la astronomía precedió a estas concepciones de los dioses; el proceso fue, como siempre, al revés, e incluso es cierto que los primitivos amuletos mágicos del renacimiento, el bautismo y los usos supersticiosos de todo tipo relacionados con la curación de los enfermos, etc., fueron proyectados hacia el cielo. Estos jóvenes nacían de la caverna (el vientre de la madre tierra), como los dioses-sol, en una nueva era, y así vencían a la muerte. En este sentido, eran inmortales.

Es interesante observar cómo el Corán, después de largas consideraciones éticas en el curso de la misma sura, llega al siguiente pasaje, que es de especial importancia para el origen del mito de Chidher. Por esta razón, se cita literalmente el Corán:

"Recuerda cuando Moisés dijo a su siervo: 'No me detendré hasta llegar a la confluencia de los dos mares, o durante ochenta años seguiré viajando'.

"Pero cuando llegaron a la confluencia, olvidaron el pez, y este siguió su camino en el mar a su antojo.

"Y cuando avanzaron, Moisés dijo a su criado: 'Tráenos nuestra comida de la mañana, porque realmente hemos encontrado fatiga en este nuestro viaje'.

"Él dijo: '¿Qué piensas? Cuando nos detuvimos en la roca, olvidé el pez, y Satanás fue quien lo hizo olvidar, para que no lo mencionara, y este se adentró en el mar de una manera asombrosa.

"Dijo: 'Esto es lo que buscábamos'. Entonces ambos volvieron sobre sus pasos.

"Después encontraron a uno de nuestros siervos a quienes les habíamos concedido misericordia y a quien habíamos dotado de conocimiento.

"Moisés le dijo: '¿Puedo seguirte para que me enseñes parte de la rectitud que te han enseñado?'

"Él respondió: 'En verdad, no podrás soportar conmigo la paciencia.

"'¿Cómo podrías tener paciencia en asuntos cuyo significado no comprendes?'"

-Traducción de Rodwell, página 188.

Moisés acompaña al misterioso siervo de Dios, quien realiza varias acciones que Moisés no puede entender; finalmente, el Desconocido se despide de Moisés y le habla así:

"Te preguntarán acerca de Dhoulkarnein (el de los dos cuernos). Diles: 'Os relataré algo sobre él'.

"En verdad, establecimos su poder en la tierra y le proporcionamos los medios para alcanzar todos los fines, y así continuó.

"Hasta que, cuando llegó al lugar donde se pone el sol, encontró que se ponía en un mar fangoso, y cerca de él encontró a un pueblo..."

Luego sigue una reflexión moral; después, la narración continúa:

"Siguió su camino hasta llegar al lugar donde sale el sol...".

Si se desea identificar al siervo desconocido de Dios en este pasaje, se revela que es Dhulqarnein, Alejandro, el Sol; va al lugar de la puesta y al de la salida. La explicación sobre el siervo desconocido de Dios se encuentra en los comentarios de una leyenda bien definida. Este siervo es Chidher, conocido como "el verde", el errante incansable que viaja por tierras y mares durante cientos y miles de años, siendo el mentor y consejero de los hombres piadosos; posee sabiduría divina y es inmortal. La autoridad de Tabari asocia a Chidher con Dhulqarnein; se dice que Chidher alcanzó la "corriente de la vida" siguiendo a Alejandro, y ambos bebieron de ella sin darse cuenta, obteniendo así la inmortalidad. Además, los antiguos comentaristas identifican a Chidher con Elías, quien no murió, sino que fue llevado al cielo en un carro de fuego. Elías es Helios.

Es importante notar que Ahasver también tiene su origen en un pasaje oscuro de las escrituras cristianas. Este pasaje se encuentra en Mateo xvi:28. Primero se menciona la escena donde Cristo nombra a Pedro como la roca sobre la cual edificará su iglesia y le confiere autoridad. Luego sigue la profecía de la muerte de Cristo, y después viene el pasaje:

"De cierto os digo que hay algunos de los que están aquí, que no gustarán la muerte hasta que vean al Hijo del hombre venir en su reino".

Este pasaje es seguido por la escena de la transfiguración:

"Y se transfiguró delante de ellos; y su rostro resplandecía como el sol, y sus vestidos eran blancos como la luz.

"Y he aquí que se les aparecieron Moisés y Elías hablando con él.

"Entonces respondiendo Pedro, dijo a Jesús: 'Señor, bueno es para nosotros que estemos aquí; si quieres, hagamos aquí tres tabernáculos: uno para ti, otro para Moisés y otro para Elías'".

De estos pasajes se desprende que Cristo está en el mismo nivel que Elías, sin identificarse con él, aunque la gente lo considera como tal. La ascensión coloca a Cristo en la misma posición que Elías. La profecía de Cristo sugiere que aparte de él hay uno o más inmortales que no morirán hasta la Parousía. Según Juan xxi:22, se considera que Juan el Bautista es uno de estos inmortales, y en la leyenda, de hecho, no está muerto, sino durmiendo en el suelo hasta la Parousía, y su aliento hace que el polvo se arremoline alrededor de su tumba.

Como se puede ver, hay conexiones desde Cristo, pasando por Elías, hasta Chidher y Asuero. Según una narrativa de esta leyenda, Dhulqarnein llevó a su amigo Chidher a la "fuente de la vida" para que bebiera de la inmortalidad. Alejandro también se bañó en la corriente de la vida y realizó rituales de ablución. Como se mencionó anteriormente, según Mateo xvii:12, Juan el Bautista es identificado como Elías, y por lo tanto, principalmente es idéntico a Chidher.

Es importante destacar que en la leyenda árabe, Chidher aparece más como compañero o acompañante (Chidher con Dhulqarnein o con Elías, "como ellos"; o identificado con ellos). Son dos figuras similares pero diferentes. Esta situación análoga se encuentra en la leyenda cristiana en la escena junto al Jordán, donde Juan conduce a Cristo a la "fuente de la vida". Cristo es subordinado allí, mientras que Juan es superior, similar a Dhulqarnein y Chidher, o Chidher y Moisés, o Elías.

Este paralelismo se explica mejor mediante la comparación con los misterios mitraicos, donde el contenido esotérico se revela a través de monumentos. En estos relieves mitraicos, Mitra corona a Helios, otorgándole poder divino, lo que recuerda la relación entre Cristo y Pedro. Pedro, a través de su símbolo, el gallo, tiene el carácter de un dios-sol. Después de la ascensión de Cristo, es el pontífice visible de la divinidad, convirtiéndose en la gran deidad romana (Sol invictus), encarnada en el Papa. La relación entre Mitra y Helios corresponde a la de Cristo y Pedro. Cristo, como el Sol, es el Dios visible, mientras que el Papa, como el sucesor de los Césares romanos, es solis invicti comes. El sol poniente nombra a un sucesor al que inviste con el poder del sol. Dhulqarnein otorga la vida eterna a Chidher, quien comunica su sabiduría a Moisés. Incluso existe un relato donde el siervo olvidadizo de Josué bebe de la fuente de la vida, convirtiéndose en inmortal, y es castigado siendo arrojado al mar, otro motivo del mito solar, el "viaje por mar".

El símbolo primordial que representa el retorno anual del Sol con el Solsticio de Invierno es la cabra, signo del pez, el αἰγωκέρως. El Sol asciende como una cabra a la montaña más alta y luego se sumerge en el agua como un pez. El pez simboliza al niño, ya que antes de nacer, vive en el agua como un pez, y el Sol, al sumergirse en el mar, se convierte tanto en niño como en pez. Sin embargo, el pez también es un símbolo fálico y de la feminidad. En resumen, el pez es un símbolo de la libido, y parece ser principalmente para la renovación de la misma.

El viaje de Moisés con su criado es un viaje vital de ochenta años. Durante este viaje, envejecen y pierden su fuerza vital (libido), es decir, pierden al pez que "sigue su curso de manera maravillosa hasta el mar", que simboliza la puesta del sol. Cuando ambos se dan cuenta de su pérdida, descubren a Chidher en el lugar donde está la "fuente de la vida" (donde el pez muerto revivió y se lanzó al mar), envuelto en su manto y sentado en el suelo. Según otra versión, estaba sentado en una isla en el mar o en "el lugar más húmedo de la tierra", lo que indica su nacimiento de las profundidades maternas. Donde desapareció el pez, nació Chidher, "el verde", como "hijo de las aguas profundas", con la cabeza cubierta por un velo, un proclamador de la sabiduría divina; similar al antiguo Oannes-Ea babilónico, representado en forma de pez, que salía del mar diariamente como un pez para enseñar sabiduría al pueblo. Su nombre se relacionó con el de Juan. Con la salida renovada del sol, todo lo que vivía en la oscuridad, como animal acuático o pez, se transformó en el brillante firmamento ardiente del día.

El viaje de Gilgamesh también refleja este motivo de los Dioscuros, mortales e inmortales, sol poniente y sol naciente. Gilgamesh, en su búsqueda de la inmortalidad, viaja a través de mares para encontrar al sabio Utnapishtim (Noé), quien conocía el secreto de cruzar las aguas de la muerte. Gilgamesh se sumerge en el mar en busca de una hierba mágica que lo devolverá a la tierra de los hombres, pero al regresar, una serpiente le roba la planta (el pez vuelve al mar). Sin embargo, en su regreso, lo acompaña un marino inmortal desterrado por una maldición de Utnapishtim. Este inmortal desterrado se convierte en el modelo de Ahasver, como señaló Jensen.

Una vez más, este motivo de los Dioscuros se proyecta desde el héroe, reflejando la dualidad entre lo mortal y lo inmortal, entre el sol poniente y el sol naciente.

El Sacrificium Mithriacum, el sacrificio del toro, se representa comúnmente flanqueado por los Dadoforos, Cautes y Cautopates, uno sosteniendo una antorcha en alto y el otro con la antorcha en descenso. Estos dos hermanos revelan su naturaleza a través de la posición simbólica de las antorchas. Cumont los relaciona con los "erotes" sepulcrales, genios representados con antorchas invertidas, con un significado tradicional que sugiere que uno representa la muerte y el otro la vida.

Es interesante notar la similitud entre el Sacrificium Mithriacum, donde el toro sacrificado está flanqueado por los

Dadoforos, y el sacrificio cristiano del cordero. En la crucifixión, también se ve una representación similar, con el Crucificado acompañado tradicionalmente por dos ladrones, uno ascendiendo al Paraíso y el otro descendiendo al Infierno. Esta idea de lo mortal y lo inmortal parece haber sido adoptada también en el culto cristiano.

Los dioses semíticos a menudo se representan flanqueados por dos Paredroi, como por ejemplo Baal de Edesa, acompañado por Aziz y Monimoz. Esto se relaciona con la idea de la Trinidad en el cristianismo, donde Cristo debe ser considerado en su unidad con el Padre y el Espíritu Santo. Los dos ladrones que acompañan a Cristo en la crucifixión también están internamente ligados a él.

Los Dadoforos se consideran como derivados de la figura principal de Mitra, que tiene un carácter misterioso triple. Este concepto de la Trinidad se encuentra también en otras tradiciones, como en la celebración de una fiesta dedicada al "triple Mitra" según un relato de Dionisio Areopagita. Además, Plutarco menciona una idea similar sobre Ormuzd. Esta noción de la Trinidad como tres estados diferentes de la unidad también es un concepto cristiano.

El simbolismo del Sacrificium Mithriacum con los signos equinocciales Tauro y Escorpio indica claramente que la escena sacrificial se refiere principalmente al ciclo del Sol, con el Sol naciente sacrificado en el solsticio de verano y el Sol poniente. Esta representación se compara con los Dioscuros, que también representan la dualidad entre lo mortal y lo inmortal.

En última instancia, toda esta mitología solar es una proyección psicológica hacia los cielos, reflejando la dualidad dentro del ser humano entre lo mortal y lo inmortal. Los dioses representan la parte inmortal, que habita en algún lugar entre los humanos, como Chidher o St. Germain. Esta comparación con el sol enseña que los dioses son la libido, esa parte del ser humano que es inmortal y que representa el vínculo que une como especie.

Dado que lo divino dentro del ser humano es la libido, no debería sorprender que se lleve en la teología antiguas representaciones que dan una figura trina a Dios. Este concepto de τριπλάσιον Θεόν se ha tomado del simbolismo fálico, cuya originalidad es innegable. Los genitales masculinos son la base de esta Trinidad. Es un hecho anatómico que un testículo suele estar situado algo más arriba que el otro, y también es una superstición muy antigua, aunque aún pervivente, la creencia de que un testículo genera un niño y el otro una niña.

Un bajorrelieve babilónico tardío de la colección de Lajard parece estar de acuerdo con esta opinión. En el centro de la imagen se encuentra un dios andrógino (rostro masculino y femenino); en el lado derecho, masculino, hay una serpiente con un halo de sol alrededor de la cabeza; en el lado izquierdo, femenino, también hay una serpiente, con la luna sobre su cabeza. Sobre la cabeza del dios hay tres estrellas. Este conjunto parece confirmar la Trinidad de la representación, donde la serpiente solar de la derecha representa lo masculino y la de la izquierda, lo femenino (simbolizado por la luna). Esta imagen posee un simbolismo sexual evidente, que resalta el significado sexual del conjunto. En el lado masculino se encuentra un rombo, símbolo de los genitales femeninos, mientras que en el lado femenino hay una rueda o felly. Una rueda siempre se refiere al Sol, pero los radios están engrosados y agrandados en los extremos, lo que sugiere un simbolismo fálico.

Es notable que tanto el Sacrificium Mithriacum como el sacrificio cristiano del cordero tienen similitudes. En la crucifixión, la representación del Crucificado flanqueado por Juan y María está estrechamente asociada con estas ideas, al igual que el Crucificado con los ladrones. Así, junto al Sol, surge una y otra vez la comparación mucho más primitiva de la libido con el falo.

El Dadophor Cautopates, que representa a Mitra, también se representa con el gallo y la piña, atributos del dios frigio Men, estrechamente relacionado con Attis, el hijo y amante de Cibeles. Estas figuras tienen una conexión profunda con la madre, lo que lleva de nuevo al origen de esta libido incestuosa creadora de religión. Esta asociación del héroe con la madre es un motivo recurrente en los mitos, reflejando el deseo insaciable del inconsciente en busca de la madre perdida.

El vagabundeo de estos héroes también tiene un significado simbólico claro, representando el anhelo y el deseo inquieto que busca a la madre perdida. Esta asociación con el Sol hace que estos héroes se asemejen al Sol errante, justificando así que el mito del héroe sea un mito solar. Pero más allá de eso, el mito del héroe es, en última instancia, el mito del propio inconsciente sufriente, que anhela las fuentes más profundas del ser, especialmente la comunión con la vida infinita representada por la figura materna.

Aquí deben compartirse las palabras del Maestro que ha penetrado en las raíces más profundas de los anhelos fáusticos:

"Sin intención, revelo un misterio más elevado. En la soledad están entronizadas las Diosas, sin espacio a su alrededor, ni lugar ni tiempo que las limiten. Mencionarlas siquiera resulta embarazoso. Ellas son LAS MADRES.

"Diosas desconocidas para vosotros, los Mortales, nombradas por nosotros involuntariamente. Para alcanzarlas, debéis adentraros en las profundidades. Es por vuestra propia culpa que os pedimos su ayuda.

"¿Dónde se encuentra el camino?

"No hay camino hacia lo inalcanzable, nunca transitado, una senda hacia lo inabarcable, nunca suplicada. ¿Estáis preparados? No hay cerraduras ni pestillos que abrir. Seréis arrastrados a través de soledades infinitas. ¿Os habéis atrevido a atravesar solitudes y desiertos? ¿Habéis nadado hasta el confín más lejano del océano? ¿Y habéis contemplado allí el espacio ilimitado, aunque la muerte acechante os haya infundido temor? Habíais visto algo en la penumbra del mar tranquilo: los delfines nadando. Habíais visto las nubes voladoras, el sol, la luna y las estrellas. Pero nada veréis en el vacío infinito. No oiréis vuestros pasos ni encontraréis un lugar estable para descansar los pies.

"Tomad, pues, esta llave. La llave os guiará al verdadero lugar entre todos los demás. Seguidla. Os conducirá a las Madres.

"Descended entonces, o podría decirse: ascendéis. Todo es lo mismo. Escapad de lo creado hacia formas informes en espacios liberados. Regocijaos en lo que mucho antes se disipó. Allí se congrega la multitud, como nubes desplegándose sobre nubes. Alzad entonces el brazo con la llave que sostenéis.

"Por fin, un trípode ardiente os lo indicará, que allí reside el fondo más profundo. Entonces, las Madres os mostrarán su luz, algunas sentadas, otras de pie o en movimiento, según su voluntad. Formación, transformación, la eterna recreación de la Mente Eterna: las formas de todas las criaturas flotan libres. No os verán, pues solo ven espectros. Así que preparad el corazón, pues el peligro es grande. Dirigíos al trípode antes de dudar y tocadlo con la llave".

El Simbolismo del Sacrificio en el Mito del Héroe

Después de esta extensa digresión, es momento de regresar a la perspectiva del caso atendido por Carl Jung. Aquí se puede abordar la pregunta sobre el significado del anhelo de Sigfrido por Brunilda. Este anhelo representa el conflicto de la libido por alejarse y, al mismo tiempo, acercarse a la madre. Esta paradoja puede entenderse de la siguiente manera: mientras la libido se conforma con fantasías, permanece ligada a la madre en lo más profundo de sí misma. Cuando el deseo del paciente busca escapar del círculo mágico del objeto incestuoso y perjudicial, sin encontrar la realidad, el objeto sigue siendo irrevocablemente la madre. Solo al superar los obstáculos de la realidad se logra liberarse de la madre, quien es la fuente continua e inagotable de vida para el creador, pero la muerte para el cobarde, tímido y perezoso.

Quienes están familiarizados con el psicoanálisis saben lo común que es que los neuróticos se quejen de sus padres. Aunque a menudo estas quejas y reproches se justifican por las imperfecciones humanas comunes, en muchos casos son en realidad reproches que deberían dirigirse a sí mismos. El reproche y el odio son intentos vanos de liberarse aparentemente de los padres, pero en realidad son expresiones del propio deseo obstaculizador hacia los padres.

La paciente, a través de su personaje Chiwantopel, profiere una serie de insultos contra su propia familia. Se puede inferir que debe renunciar a todas estas tendencias, ya que encierran un deseo no reconocido. Este héroe, dado a muchas palabras pero a pocos actos, se entrega a vanos anhelos y representa la libido que no ha cumplido su destino, dando vueltas y vueltas en el reino de la madre sin lograr nada a pesar de sus anhelos. Solo aquel que posee el coraje de la voluntad de vivir y el heroísmo para llevarlo a cabo puede romper este círculo mágico.

Si este joven héroe anhelante, Chiwantopel, pudiera poner fin a su existencia, probablemente resucitaría como un hombre valiente en busca de la vida real. Esta necesidad se impone a la soñadora como un sabio consejo e indicio del inconsciente en su monólogo siguiente, donde llora tristemente:

"En todo el mundo no hay ni uno solo. He buscado entre cien tribus. He observado cien lunas desde que comencé. ¿Es posible que no haya un solo ser que conozca mi alma? Sí, por el Dios soberano, sí. Pero diez mil lunas crecerán y menguarán antes de que nazca esa alma pura. Y es de otro mundo que sus padres vendrán a éste. Tendrá la piel y los cabellos pálidos. Conocerá el dolor antes de que su madre lo dé a luz. El sufrimiento lo acompañará; buscará también, y no encontrará, a nadie que lo comprenda. La tentación asaltará a menudo su alma, pero él no cederá. En sus sueños vendré a él y lo comprenderá. He mantenido mi cuerpo inviolado. He llegado diez mil lunas antes de su época, y él llegará diez mil lunas demasiado tarde. Pero lo entenderá. Solo una vez en diez mil lunas nace un alma como la suya".

En ese momento, una serpiente verde sale de entre los arbustos, se desliza hacia él y le pica en el brazo; luego ataca al caballo, que sucumbe primero. Entonces Chiwantopel se despide de su caballo:

"Adiós, hermano fiel. Entra en el descanso. Te he amado y me has servido bien. Adiós. Pronto me reuniré contigo". Luego, dirigiéndose a la serpiente, dice: "Gracias, hermanita. Has puesto fin a mis andanzas".

Entonces, Chiwantopel, en medio de su sufrimiento, lloró y pronunció su oración:

"Dios soberano, llévame pronto. He intentado conocerte y seguir tu ley. Oh, no permitas que mi cuerpo se corrompa y se pudra, y que sirva de alimento a los buitres". En la distancia, se vislumbra un cráter humeante y se escucha el estruendo de un terremoto, seguido de un temblor de tierra.

Chiwantopel llora en delirio de dolor mientras la tierra cubre su cuerpo:

"He mantenido mi cuerpo inviolado. ¡Ah! Ella comprende. Ja-ni-wa-ma, Ja-ni-wa-ma, tú que me comprendes".

La profecía de Chiwantopel es una repetición del poema "Hiawatha" de Longfellow, donde el poeta no pudo evitar el sentimentalismo. Al final de la carrera del héroe, Hiawatha, trae al Salvador de los blancos bajo la apariencia de distinguidos representantes de la religión y la moral cristianas. Con esta profecía, la paciente vuelve a situar su personalidad en estrecha relación con el héroe, siendo de hecho el objeto real del anhelo de Chiwantopel. Sin duda, el héroe se habría casado con ella si hubiera vivido en su época, pero lamentablemente llega demasiado tarde. Esta conexión demuestra la afirmación anterior de que la libido se mueve en círculo. La paciente se ama a sí misma; es decir, ella, como el héroe, es buscada por alguien que llega demasiado tarde. Este motivo de llegar demasiado tarde es característico del amor infantil: el padre y la madre no pueden adelantarse. La separación de las dos personalidades por diez mil lunas es un deseo cumplido; con ello, la relación incestuosa queda anulada de manera efectiva. Esta heroína blanca buscará sin ser comprendida (no es comprendida porque no puede comprenderse a sí misma correctamente) y no encontrará. Pero al menos en los sueños, se encontrarán "y ella comprenderá".

La siguiente frase del texto dice: "He mantenido mi cuerpo inviolado". Esta orgullosa afirmación, que naturalmente solo una mujer puede expresar, confirma nuevamente el hecho de que todas las empresas no han sido más que sueños, que el cuerpo ha permanecido "inviolado". Cuando el héroe visita a la heroína en sueños, queda claro lo que quiere decir. Esta afirmación del héroe, de que ha permanecido inviolado, se refiere al fallido atentado contra su vida en el capítulo anterior (el cazador con la flecha) y explica de manera clara lo que realmente significaba este asalto: el rechazo de la fantasía del coito. Aquí el deseo del inconsciente se presenta de nuevo, después de que el héroe lo hubiera reprimido la primera vez, y pronuncia dolorosa e histéricamente este monólogo: "La tentación asaltará a menudo su alma, pero no cederá". Esta afirmación tan atrevida reduce, nobleza obliga, al inconsciente a una enorme megalomanía infantil, lo que siempre ocurre cuando la libido se ve obligada, por circunstancias similares, a regresiones. "¡Sólo una vez en las diez mil lunas nace un alma como la mía!". Aquí el yo inconsciente se expande hasta un grado enorme, evidentemente para cubrir con su jactancia una gran parte del deber descuidado de la vida. Pero el castigo le pisa los talones. Quien se enorgullece demasiado de no haber sufrido ninguna herida en la batalla de la vida, se expone a la sospecha de que ha luchado solo con palabras, cuando en realidad ha permanecido muy lejos de la línea de fuego. Este espíritu es justamente lo contrario del orgullo de esas mujeres salvajes, que señalan con satisfacción las innumerables cicatrices que les causaron sus hombres en la lucha sexual por la supremacía. De acuerdo con esto, y en lógica continuación de lo mismo, todo lo que sigue se expresa en lenguaje figurado. El orgiástico "Occide moriturus", en su mezcla con la risa temeraria del frenesí dionisíaco, enfrenta aquí, con un lamentable disfraz, a una superchería escénica sentimental digna de nuestra edición póstuma de la "moral cristiana". En lugar del falo positivo, aparece el negativo, que conduce al caballo del héroe (su libido animalis), no a la satisfacción, sino a la paz eterna, que es también el destino del héroe. Este final significa que la madre, representada como las fauces de la muerte, devora la libido de la hija. Por lo tanto, en lugar de vida y crecimiento procreativo, solo resulta una fantasiosa auto-obligación. Este final débil y sin gloria no tiene ningún significado elevador o iluminador mientras se considere meramente como la solución de un conflicto erótico individual. El hecho de que los símbolos bajo los cuales tiene lugar la solución tengan en realidad un aspecto significativo, revela que tras la máscara individual, tras el velo de la "individuación", se alza una idea primitiva cuyos rasgos severos y graves quitan el valor de considerar el significado sexual del simbolismo de la paciente como todo suficiente.

Las fantasías sexuales del neurótico y el lenguaje sexual exquisito de los sueños son fenómenos regresivos. La sexualidad del inconsciente no es lo que parece ser; no es más que un símbolo, un pensamiento claro como el día, una decisión, un paso adelante hacia cada meta de la vida, pero expresado en el lenguaje sexual irreal del inconsciente y en la forma de pensamiento de una etapa anterior; una resurrección de los modos anteriores de adaptación. Cuando el inconsciente destaca el deseo del coito, expresado negativamente, indica cómo actuó el hombre primitivo en circunstancias similares. El modo de adaptación que hoy es inconsciente para el ser humano es llevado a cabo por individuos cuyas acciones van más allá de la nutrición y se centran en la sexualidad, caracterizada por la violencia y la crueldad.

La figura de Chiwantopel, con su compañero cordero, representa una parte de la libido de la soñadora ligada a la madre (y, por lo tanto, masculina); refleja su personalidad infantil, incapaz aún de comprender la necesidad de dejar atrás a los padres para cumplir el destino completo de la personalidad. Como dijo Nietzsche: "¿Te llamas libre? Quiero escuchar tu pensamiento dominante, no solo que te has librado de un yugo. ¿Tenías derecho a deshacerte de él?".

Cuando Chiwantopel muere, se cumple un deseo: el héroe infantil que no puede desprenderse del cuidado materno fallece. Este evento marca un gran avance tanto para la libertad interior como para la exterior, al romperse el vínculo madre-hija. Sin embargo, el deseo de permanecer como niños durante demasiado tiempo persiste en el ser humano, quien preferiría detener el paso del tiempo para conservar la juventud eterna antes que enfrentar la muerte y la corrupción en la tumba.

El ocio perpetuo alimenta el miedo a la muerte, el lamento por lo que fue y la vana nostalgia. Aunque en la nostalgia se pueda olvidar temporalmente que el tiempo avanza inexorablemente, las señales del envejecimiento recuerdan que el paso del tiempo no se detiene. Ni siquiera el deseo de preservar el cuerpo indemne evita la ley inexorable del envejecimiento y la muerte.

Quienes intentan evadir las exigencias de la vida no logran nada y se condenan a una edad y una muerte prematuras, agravadas por el vacío y la falta de sentido de su existencia. Si la libido no se canaliza hacia una vida progresiva, dispuesta a asumir riesgos y pérdidas, se sumerge en sus propias profundidades, rumiando sobre la inmortalidad de toda vida y el anhelo de renacimiento.

Hölderlin ilustra este camino en su poesía y vida. Permitamos que el poeta hable a través de su canción:

"A la Rosa.

En el seno materno eterno

Dulce reina de los prados,

Aún la viva y excelsa

La naturaleza nos lleva a ti y a mí.

Pequeña rosa, el poder feroz de la tormenta

Despoja nuestras hojas y nos altera;

Pero el germen inmortal se elevará

A nuevas flores, milagrosas".

Se pueden realizar varios análisis acerca de la metáfora central de este poema. La rosa representa el amor hacia una mujer (simbolizado por la "Haidenröslein" de Goethe, o rosa del brezo). Esta flor, que brota en el jardín de la joven, simboliza igualmente la libido. Cuando el autor sueña con encontrarse junto a la rosa en el útero de la madre naturaleza, simbólicamente, su deseo se encuentra con la figura materna. Este escenario es un espacio de constante germinación y renacimiento, un tema ya visto en el himno Hierosgamos (Ilíada XIV) que habla de matrimonios en el idílico occidente, es decir, la fusión con y dentro de la madre. De manera ingenua, Plutarco expone este tema en el mito de Osiris e Isis, quienes se unen en el útero materno. Hölderlin lo ve como un privilegio divino, el gozar de una infancia perpetua. Así lo expresa en Hyperion:

"Inmortales, cual un infante en sueño,

respiran los seres celestiales;

protegidos en puros capullos,

sus almas florecen sin cesar,

Y sus miradas serenas

contemplan con placidez

una eterna calma".

Esta reflexión ilustra la noción de felicidad divina. Hölderlin jamás pudo desligarse de este primer y máximo gozo, cuyo recuerdo le distanciaba de la realidad tangible. El poema también sugiere el antiguo leitmotiv de los gemelos en el vientre materno, un tema primordial. Frobenius narra cómo la gran serpiente, emergiendo de una menor en un árbol hueco y a través de una metamorfosis, acaba devorando a todos los hombres, dejando solo a una mujer embarazada. Ella, tras excavar una fosa y cubrirla con una piedra, da a luz a gemelos que serán futuros vencedores de dragones, representando al héroe en doble aspecto.

Además, un mito africano recogido por Frobenius narra cómo Obatala, el cielo, y Odudua, la tierra, yacían unidos dentro de una calabaza al inicio de los tiempos.

La idea de permanecer "en un puro capullo" ya se encuentra en Plutarco, quien menciona que el sol nace de un capullo floral por la mañana. Similarmente, Brahma surge de un capullo, que también origina a la primera pareja humana en Assam.

Humanidad.

(Un poema inacabado.)

"Recién emergida de las aguas, oh Tierra,

tus antiguas cumbres y aromas difusos,

Mientras las primeras islas verdes, cubiertas de bosques jóvenes, exhalan placer

Por el aire de mayo sobre el Océano.

"Y el dios Sol, con alegría, observa desde arriba

A los primeros árboles y flores;

Hijos risueños de su juventud, nacidos de ti;

En la más hermosa de las islas...

- - - - -

descansaba tu hijo más bello bajo las uvas;

Tras una noche apacible; al alba,

Un niño nacido de ti, ¡oh Tierra!

Y el niño mira con familiaridad

A su padre, Helios,

Y, degustando las dulces uvas,

Recoge la sagrada vid para su nodriza,

Pronto crece; las bestias

Le temen, pues es distinto a ellas:

Este hombre; no es como tú, padre,

Pues el noble alma del padre,

audazmente se une a tus deleites,

Y a tu tristeza, oh Tierra,

Podría asemejarse a la Naturaleza eterna,

La madre de los dioses, la temible Madre.

"¡Ah! Por ello, oh Tierra,

Su arrogancia lo aparta de tu regazo,

Y son vanos tus regalos, los más tiernos;

Siempre, el corazón orgulloso late demasiado alto.

"Fuera del dulce prado de sus orillas

El hombre debe ir a las aguas desprovistas de flores,

Y aunque sus bosques brillen con frutos dorados,

Como la noche estrellada, aún excava,

Excava cuevas en las montañas, y busca

 en las minas,

Alejado de los sagrados rayos de su padre,

También infiel al dios Sol,

Que desprecia a los débiles, y se burla de las preocupaciones.

"¡Ah! más libres son los pájaros del bosque:

Aunque el pecho del hombre se agita más feroz y orgulloso,

Su orgullo se transforma en temor, y las delicadas flores

de su paz no florecen por mucho tiempo".

Este poema revela el inicio del desencuentro entre el poeta y la naturaleza, marcando su distanciamiento de la realidad y la vida natural presente. Es notable cómo el poeta destaca la elección de la vid como nodriza por parte del niño, una referencia que nos remonta a Dionisio y que se encuentra enraizada en la antigüedad. En las bendiciones que Jacob otorga a Judá, según el Génesis (capítulo 49, versículo 11), se menciona:

"Uniendo su potro a la vid, y el pollino de su asna a la mejor cepa".

Encontramos una gema gnóstica que presenta a una asna amamantando a su potro bajo el signo de Cáncer, acompañada de la inscripción D.N.I.H.Y.X.P.S.: Dominus Noster Jesus Christus, suplementada con Dei filius. Justino Mártir, con desaprobación, señala las claras conexiones entre las tradiciones cristianas y dionisíacas, como el milagro del vino, donde el asno juega un papel destacado. En las culturas mediterráneas, el asno tiene un valor distinto al económico, considerándose una bendición en la afirmación de Jacob sobre Isacar (Génesis, cap. xlix, versículo 14):

"Isacar es un asno robusto, acostado entre dos fardos".

Esta visión es profundamente oriental, donde el sol naciente se asocia con un ternero o, en otras culturas, con un potro de asno, al cual la vid sirve de nodriza. De ahí la simbología en la bendición de Jacob a Judá:

"Sus ojos rojos de vino, y sus dientes blancos de leche".

El crucifijo falso del Palatino, con cabeza de asno, remite a un trasfondo significativo.

A la Naturaleza.

"Mientras jugaba a tu alrededor, retrasándome en tu velo,

Y, como un capullo, pendía de ti,

todavía sentía tu corazón en cada rincón

Resonando sobre mi corazón tembloroso y apegado.

Mientras buscaba con fe y anhelo doloroso

tu imagen, luminosa y desplegada,

Hallaba un sitio para todas mis pasiones ardientes

y para mi amor, un universo.

"Mi corazón, antes que a nada, se volcó hacia el Sol,

percibiendo su influjo poderoso;

Consideraba a las estrellas como pequeños hermanos,

y a la primavera, la melodía de Dios;

Y cada brisa, ya sea en el huerto o en el bosque frutal,

Era portadora de tu espíritu, y esa misma dulce alegría

Impulsaba las fuentes de mi corazón con belleza-

Esos eran días dorados sin mezcla.

"En cada valle donde la primavera se siente fresca,

Donde el arbusto más joven y la rama se tiñen de verde,

Donde las hierbas se reúnen alrededor de las rocas,

Y las ramas dejan ver el cielo entre ellas,

Allí me hallaba, embelesado en cada flor

Con un júbilo embriagador y arrebatado,

Y, bañado por una lluvia dorada,

Desde lo alto, las nubes descendían hacia mí.

"A menudo, como un río errante y fatigado

Anhela fundirse en la serena dicha del océano,

Lloraba y me perdía para siempre

En la plenitud de tu amor, ¡oh Tierra!

Entonces, con todo el ímpetu de mi ser...

Corría fuera del lento embotamiento del tiempo,

Como un peregrino que regresa al hogar, huyendo...

Hacia los brazos de una eternidad embriagada.

"Benditos sean los sueños dorados de la niñez, su fuerza

Ocultaba la sombría miseria de la vida:

Todos los gérmenes ricos del corazón florecisteis;

Cosas que no podía alcanzar, ¡vosotros me las proporcionasteis!

En tu belleza y tu luz, oh Naturaleza,

Libre de preocupaciones y sin coacción,

El amor fecundo alcanzaba una dignidad real,

Tan rico como las cosechas de Arcadia.

"Aquel que me crió

, yace muerto y despedazado,

Muerto está el mundo juvenil que fue mi refugio;

Y este pecho, que solía albergar cielos,

Yace muerto y seco como un campo labrado.

Aun así, mis penas primaverales cantan y visten

Con su consuelo amistoso toda tristeza...

Pero la mañana de mi vida ha concluido

Y la primavera se ha esfumado de mi corazón...

"Sombras son ahora aquellas cosas que una vez amamos;

El amor mismo debe desaparecer y no puede permanecer;

Pues los sueños dorados de la juventud se han esfumado,

Incluso la amistosa naturaleza ha fenecido.

Corazón, pobre corazón, esos días jamás podrían revelarte-

Cuán lejano está tu hogar, y dónde reposa...

Ahora, por desgracia, jamás lo conocerás de nuevo.

A menos que un sueño sea suficiente".

Palinodia.

"¿Qué me envuelve, Tierra, en tu manto verde oscuro y acogedor?

¿Qué me susurráis, Vientos, qué novedades traéis?

Un murmullo se extiende entre las copas de los árboles...

- - - - -

"¿Por qué conmovéis mi alma?

¿Por qué evocáis en mí recuerdos pasados, benevolentes seres?

Oh, perdonad, dejad que esos restos reposen; no os moféis

De las cenizas de mis alegrías pasadas...

"Oh, transformad vuestros seres eternos

Y rejuveneced sobre lo antiguo en vuestra nueva era.

Y si deseáis asemejaros a los mortales,

Para vosotros florecerán las nuevas generaciones.

Y los jóvenes héroes resplandecerán;

Y, más dulces que antes,

La mañana se posará en las mejillas de los dichosos;

Y escucharéis, embelesados,

Las melodías de los despreocupados...

"Ah, en otro tiempo, vivas olas de melodías

brotaban hacia mí desde cada arbusto;

Y hasta los seres celestiales me observaban,

Sus miradas irradiaban felicidad."

- - - - -

La pérdida de la bendición de la niñez, y con ella de la juventud, ha despojado a la naturaleza de su resplandor dorado, dejando el futuro como un abismo sin esperanza. Pero lo que realmente despoja a la naturaleza de su encanto, y a la vida de su contenido, es el veneno de la nostalgia, que se adentra para sumergirse en sus propias profundidades:

Empédocles.

"Ansías vida, y de la tierra brota un fuego piadoso,

resplandeciendo y ardiente, desde su núcleo;

Y, con un deseo estremecedor,

te lanza a las llamas del Etna.

"Así, por capricho de una reina,

las perlas se disuelven en el vino, ¡no la detengas!

¿Acaso no lanzaste tus tesoros, Poeta,

en la copa resplandeciente y efervescente?

"Aún eres venerado para mí, como la fuerza de la Tierra

Que te arrebató, encantadora verduga...

Y habría seguido al héroe a las profundidades,

de no ser porque el amor me retuvo".

Este poema revela un profundo anhelo por regresar a las entrañas maternales.

Ansía ser inmolado en el cáliz, disolverse en el vino como las perlas (el "cráter" de renacimiento), pero el amor lo retiene en la luz del día. La libido aún encuentra un motivo por el cual vale la pena vivir. Sin embargo, si este motivo se perdiera, la libido se sumergiría en el dominio subterráneo, en la madre que renace:

Obituario.

(Poema inacabado.)

"Cada día transito un sendero distinto.

A veces hacia el bosque verde, otras al manantial fresco;

O hacia las rocas donde las rosas florecen.

Desde la cima de la colina observo la tierra,

Pero en ningún lugar, hermosura, en ninguna parte de la luz te hallo;

Y en el viento mis palabras se desvanecen,

Las sagradas palabras que una vez compartimos.

"¡Sí, estás lejos, oh divino semblante!

Y la melodía de tu existencia se aleja de mí,

Ya no se oye. Y, ah, ¿dónde están

Tus encantadoras canciones que apaciguaron mi corazón

con la paz celestial?

¡Cuánto tiempo, cuánto tiempo!

La juventud ha envejecido; la misma tierra, que alguna vez me sonrió, se ha transformado.

"¡Oh, adiós! El alma de cada día se despide, y al partir, se vuelve hacia ti...

Y sobre ti llora

El ojo que, iluminándose más,

mira hacia abajo,

Allá donde permaneces".

Esto denota claramente una despedida, un anhelo por la juventud perdida, aquel tiempo de libertad que se desearía retener a través de una aversión profunda a cualquier deber y esfuerzo sin una recompensa inmediata de placer. El arduo trabajo a largo plazo por un objetivo distante no concuerda con la naturaleza de un niño o del hombre primitivo. Es complicado afirmar si esto podría denominarse pereza, pero ciertamente comparte características con ella, ya que la psique en una fase primitiva, sea infantil o arcaica, muestra una extrema inercia e irresponsabilidad tanto en la acción como en la inacción.

La estrofa final augura un destino adverso, una mirada hacia otra tierra, la lejana orilla del amanecer o del ocaso; el amor ya no retiene al poeta, los lazos con el mundo se disuelven y él clama por el auxilio maternal:

Aquiles.

"¡Oh, divino hijo de los dioses! Porque perdiste a tu amada

Te dirigiste a la costa rocosa y clamaste al vasto mar,

Hasta que las profundidades del sagrado abismo resonaron y eco de tu dolor,

Desde lo más hondo de tu ser. Abajo, lejos del bullicio de los navíos,

Profundo bajo las olas, en una cueva tranquila,

residía la bella Tetis, tu guardiana, la diosa marina,

Madre de la juventud; la poderosa diosa,

Quien te cuidó con amor en la orilla pedregosa de su isla; ella que te hizo héroe

Con el vigor de sus baños y el potente canto del mar.

Y la madre, afligida, oyó el llanto de su hijo,

Y se elevó, cual nube, desde el lecho marino,

Calmando con suaves abrazos su dolor;

Y él escuchó, mientras ella, consolando, prometía aliviar su sufrimiento.

"¡Hijo de los dioses! Oh, si yo fuera como tú, entonces con confianza

Invocaría a los celestiales para que escuchasen mi dolor oculto.

Pero nunca lo veré, soportaré la desdicha

Como si nunca me hubiera pertenecido, aunque me recuerde con lágrimas.

¡Oh, benefactores! Y, sin embargo, atendéis las más mínimas súplicas de los mortales.

Ah, con qué devoción y fervor os veneré, santa luz,

Desde que vivo, la Tierra y sus manantiales y bosques,

Padre Éter, y mi corazón os sintió alrededor, tan ardiente y puro-

Oh, aliviad mi sufrimiento, bondadosos,

Para que mi alma no se apague, no enmudezca antes de tiempo;

Para que pueda vivir y agradeceros, oh Poderes Celestiales,

Con cantos alegres durante todos mis días apresurados.

Agradecido por los dones del pasado, por las alegrías de una Juventud que se desvanece-

Y luego, por favor, acogedme a mí, el solitario,

Con gracia, entre vosotros".

Estos poemas narran de forma vívida la progresiva desconexión de la vida, sumergiéndose gradualmente en el abismo materno del ser. El canto apocalíptico de Patmos resuena de manera peculiar con estos lamentos de añoranza, emergiendo como una presencia sombría envuelta en la niebla de las profundidades y las crecientes nubes de la locura, engendradas por la madre. Aquí, los antiguos mitos resurgen, simbolizando la muerte y resurrección de la vida, comparable al ciclo del sol. Este fenómeno se observa frecuentemente entre aquellos que enfrentan tales conflictos internos.

Extractos relevantes de Patmos incluyen:

"El Dios está cerca

Y difícil de comprender;

Pero donde existe peligro,

Allí también se encuentra el salvador".

Esto indica que la libido se ha sumergido en lo más profundo, en el lugar de gran peligro (Fausto, Parte II, escena de la Madre). Es allí "donde el Dios está cerca"; en esos abismos, el individuo puede descubrir el sol interior, su verdadera naturaleza solar y autorrenovable, oculta en el útero materno, como el sol se oculta en la noche:

"... En los abismos

Moran las águilas, en la oscuridad;

Y con valentía y frescura

Los Hijos de los Alpes cruzan sobre el abismo

En puentes ligeros y oscilantes".

Este pasaje oscuro y fantasmal describe cómo el águila, símbolo solar, habita en las sombras -la libido oculta-, mientras que los habitantes de las montañas, posiblemente deidades ("Vosotros que camináis en la luz"), representan al sol transitando el cielo, al igual que el águila sobrevuela las profundidades:

"... Las cimas del Tiempo se elevan

En torno y por encima;

Y los seres queridos, aunque cercanos,

Habitan en montañas profundamente separadas.

Otórganos aguas de inocencia

Y alas de verdadero conocimiento,

Para cruzar y regresar".

La imagen refleja las cumbres y el tiempo, influenciados por el sol errante sobre las montañas; la cercanía y simultánea separación de los amantes sugiere una existencia en el inframundo, donde uno está unido a todo lo amado, pero incapaz de gozar el reencuentro, pues todo es sombra, irreal y carente de vida. El descendente bebe entonces de las aguas de la inocencia, el elixir de la juventud, para obtener alas que le permitan elevarse nuevamente hacia la vida, como el sol alado que emerge del agua como un cisne ("Alas, para cruzar y volver"):

"... Así hablé, y de pronto, un genio

Me llevó más rápido de lo imaginado,

Y más lejos de lo esperado

De mi hogar.

Llegó la noche

Mientras avanzaba en el crepúsculo.

El bosque oscuro,

Y los arroyos anhelantes de mi tierra

Se desvanecieron a mis espaldas...

Y ya no reconocía la tierra".

Después de las sombrías palabras iniciales en las que el poeta predice lo que ha de venir, se inicia el periplo del sol ("travesía nocturna por el mar") hacia el este, en busca de la ascensión, adentrándose en el misterio de la eternidad y del renacimiento. Este es un sueño también acariciado por Nietzsche, quien lo plasmó con palabras cargadas de significado:

"¡Oh, cómo anhelo por la eternidad y por el anillo de bodas de los anillos, el anillo del retorno! Aún no he encontrado a la mujer cuyos hijos desee tener, si no es a esta mujer que amo; pues te amo, ¡oh eternidad!"

Hölderlin refleja este mismo deseo a través de un hermoso símbolo, cuyos componentes ya nos resultan conocidos:

"... Pero pronto, en un fresco resplandor

Misteriosamente,

Floreciendo en humo dorado

Con los pasos veloces del sol,

Perfumando mil cumbres,

¡Asia emergió!

Y, deslumbrado,

Busqué a alguien que conociera;

Pues me eran ajenos los extensos caminos,

Desde donde Tmolus

Envía el dorado Pactol,

Y Taurus y Messagis se alzan-

Y los jardines rebosan de flores.

Pero en las alturas de la luz

Brilla la nieve plateada, un fuego silencioso;

Y, como símbolo de vida eterna,

En muros inquebrantables,

Crece la antigua hiedra.

Y sostenidos por columnas de cedros vivos y laureles

Están los solemnes palacios divinamente construidos".

Este símbolo tiene un carácter apocalíptico, representando la ciudad materna en la tierra de la eterna juventud, rodeada del verdor y las flores de una primavera eterna. El poeta se identifica aquí con Juan, que residió en Patmos, quien estuvo en comunión con "el sol del Altísimo" y lo contempló cara a cara:

"Allí, en el Misterio de la Vid se encontraron,

Allí, en la hora de la Sagrada Fiesta se congregaron,

Y —sintiendo la cercanía de la Muerte en su sereno y vasto espíritu,

El Señor, vertiendo su último amor, habló,

Y luego expiró.

Mucho podría decirse de aquel momento.

Cómo su mirada triunfante,

La más jubilosa de todas,

Fue presenciada por sus discípulos, incluso en el instante final.

- - - - -

Por ello les envió el Espíritu,

Y la casa tembló, solemnemente;

Y, con truenos distantes,

La tormenta divina se desató sobre las cabezas postradas

Donde, sumidos en la reflexión,

Los héroes de la muerte se congregaron...

Ahora, cuando él, en su despedida,

Se les apareció una vez más,

Entonces el día verdadero, el día del sol, se extinguía,

Y el cetro luminoso, forjado de sus rayos,

Se quebró y sufrió como un dios.

Pero volverá y resplandecerá de nuevo

Cuando llegue el momento destinado".

Los elementos centrales de estos textos son la muerte sacrificial y la resurrección de Cristo, representadas como la autoabnegación del sol que rompe su propio cetro, los rayos fecundadores, confiando plenamente en su renacimiento. Respecto al "cetro de los rayos", es interesante notar los siguientes puntos: Una paciente de Spielrein expresó: "Dios penetra la tierra con sus rayos", donde la tierra es interpretada simbólicamente como mujer. Esta paciente también percibió el rayo de sol de manera mitológica, como una entidad sólida: "Jesucristo me demostró su amor golpeando contra la ventana con un rayo de sol". Esta concepción del rayo de sol como una sustancia sólida ha sido observada en otros pacientes con demencia, sugiriendo una connotación fálica en este símbolo, asociado con el héroe. El martillo de Thor, que al golpear la tierra se sumerge profundamente en ella y queda atrapado dentro, es comparable con el pie de Kaineus. Este martillo, retenido en la tierra como un tesoro, emerge gradualmente a la superficie con el tiempo ("el tesoro florece"), simbolizando el renacimiento desde la tierra.

En diversas representaciones, Mitra sostiene en sus manos un objeto peculiar, que Cumont comparó con un tubo medio lleno. Dieterich, basándose en textos de papiros, sugiere que este objeto es el hombro del toro, la constelación del oso, que indirectamente posee un significado fálico, al ser la parte que falta a Pélope. Después de ser sacrificado y desmembrado por su padre Tántalo, Pélope fue reconstruido, sustituyendo el hombro faltante por uno de marfil, un acto paralelo a la sustitución del falo perdido de Osiris. La ceremonia en la que Mitra sostiene el hombro del toro sobre Sol, su hijo y vicerregente, puede verse como una consagración o iniciación.

El acto de golpear con el martillo, representando una función generativa y fructífera, se mantiene en la cultura popular y en ciertos rituales como símbolo de fertilidad. Este significado también se refleja en el castigo físico, que en algunos casos puede provocar una reacción sexual. Así, el acto de golpear se asocia con la generación y la fertilidad, siendo una variante del ritual fálico original. Otros símbolos fálicos incluyen la pezuña hendida del diablo, la mandíbula de asno de Sansón y el garrote de Hércules, derivado del olivo materno.

La varita mágica y el cetro son también extensiones de esta simbología, con el cetro (σκῆτρον) relacionándose etimológicamente con términos que significan bastón, viento de tormenta, y omóplato, entre otros, vinculando nuevamente el sol y el falo con símbolos de poder y generación.

La travesía de Hölderlin desde Asia hasta los enigmas del cristianismo en su poesía revela, más allá de un primer vistazo superficial, un profundo y astuto hilo de pensamiento. Este hilo es la transición hacia la muerte y el más allá como un sacrificio personal del héroe en busca de la eternidad. En ese instante crítico, bajo un sol oculto, cuando el amor parece extinguirse, el ser humano aguarda con un gozo enigmático el renacimiento de toda existencia:

"... Y la dicha era

De ahora en adelante

Vivir en la oscuridad amante y observar

Cómo los ojos puros sostienen el eterno

Abismo de la sabiduría".

En el seno de esos abismos reside la sabiduría, la sabiduría maternal. Fundirse con ella permite acceder a la comprensión de los misterios más recónditos, explorando las capas más antiguas del tiempo, preservadas en el alma. Hölderlin, en su delirio, vislumbra de nuevo la magnificencia de lo observado en esa profundidad, aunque, a diferencia de Fausto, opta por no revelar sus hallazgos a la luz del día.

"Y no es tragedia que algunos

Se extravíen y jamás se hallen, y que las palabras

Oculten el verdadero sonido;

Pues toda acción devota refleja la nuestra;

Mas no todo es obra del Supremo-

El abismo alberga dos filos,

Y el fuego vivo del Etna...

Si poseyera la fuerza

De forjar una imagen y ver el Espíritu-

Contemplarlo tal cual fue".

Nos deja, sin embargo, entrever una esperanza, condensada en breves palabras:

"Él revive a los muertos;

A aquellos libres de cadenas y lazos,

Los indemnes.

... Y si los Seres Celestiales

Ahora, como presiento, me aman

... Sutil es su signo

En el firmamento nocturno. Y uno permanece bajo él

Toda su existencia, pues Cristo aún palpita".

Al igual que Gilgamesh, quien tras obtener la planta mágica del occidente fue despojado de su tesoro por una serpiente demoníaca, el poema de Hölderlin concluye en un desgarrador lamento, revelando que no habrá triunfo ni resurrección tras su descenso a las sombras:

"... Deshonrosamente

Una fuerza nos desgarra el corazón

Por sacrificios que demandan los celestiales".

Esta revelación, de que es necesario renunciar al deseo regresivo (el deseo incestuoso) antes de que los "celestiales" nos arrebaten el sacrificio, y con él, toda nuestra pasión, llegó demasiado tarde al poeta. Así, me parece un prudente consejo que el inconsciente le brinda a la paciente: sacrificar al héroe infantil. Este sacrificio se efectúa, según la interpretación más evidente, a través de una entrega total a la vida, donde todos los deseos inconscientes vinculados a la familia deben proyectarse hacia afuera, hacia el contacto humano. Es esencial para el bienestar del individuo adulto, quien en su infancia era simplemente un átomo en un sistema en rotación, convertirse en el centro de un nuevo sistema. Que este paso conlleve enfrentar o, al menos, abordar enérgicamente el problema sexual personal es evidente, pues de no ser así, el deseo no satisfecho permanecerá inevitablemente fijado en lazos incestuosos, impidiendo la libertad individual en aspectos fundamentales. Recordemos que la enseñanza de Cristo desvincula al hombre de su familia sin miramientos, y en la conversación con Nicodemo vemos el esfuerzo de Cristo por movilizar el deseo incestuoso. Ambas tendencias buscan un mismo objetivo: la liberación del hombre; el judío de su excepcional apego familiar, que no conduce a un mayor desarrollo, sino a una mayor debilidad y un sentimiento incestuoso más descontrolado, encontró compensación en el ceremonial obligatorio del culto y el miedo religioso hacia el incomprensible Jehová. Cuando el hombre, no cohibido por ninguna ley ni por el furor de fanáticos o profetas, da rienda suelta a su deseo incestuoso sin redirigirlo hacia fines más elevados, queda sometido al impulso inconsciente. Pues el impulso es el deseo inconsciente. (Freud.) Está dominado por la libido εἱμαρμένη, y su destino escapa de sus manos; sus peripecias, Τύχαι καὶ Μοῖραι, están dictadas por las estrellas. Su deseo incestuoso inconsciente, manifestado en su forma más primitiva, confina al hombre, en cuanto a su forma de amar, a un estado primitivo de descontrol y sumisión a las emociones. Esa era la situación psicológica de la antigüedad en transición, y el Redentor y Médico de aquel entonces fue quien se esforzó por guiar al hombre hacia la sublimación del deseo incestuoso. La abolición de la esclavitud fue una condición necesaria para dicha sublimación, ya que la antigüedad aún no reconocía el deber del trabajo ni el trabajo como deber, como una necesidad social de crucial importancia. La esclavitud era trabajo forzado, el equivalente de la compulsión igualmente perniciosa del deseo de los privilegiados. Solo el deber del individuo de trabajar permitió, a la larga, ese "drenaje" regular del inconsciente, saturado por la regresión continua del deseo. La ociosidad es la raíz de todos los vicios, porque en un estado de sopor indolente, el deseo tiene amplias oportunidades de sumergirse en sí mismo para crear obligaciones forzosas a través de vínculos incestuosos reactivados regresivamente. La mejor liberación es el trabajo regular. El trabajo, sin embargo, solo es redentor cuando se realiza libremente, sin ninguna compulsión infantil. En este sentido, el ceremonial religioso se muestra como una forma de inactividad organizada y, al mismo tiempo, como el precursor del trabajo moderno.

La visión de la paciente aborda el problema del sacrificio del anhelo infantil, en primer lugar, como un problema personal. Sin embargo, si consideramos la naturaleza de su presentación, nos daremos cuenta de que también se trata de un problema universal de la humanidad. Los símbolos utilizados, la serpiente que mata al caballo y el héroe que se sacrifica voluntariamente, son arquetipos de fantasías y mitos religiosos emergentes del inconsciente.

En la medida en que el mundo y todo lo que contiene son, en principio, un pensamiento al que se le atribuye "sustancia" trascendental por la necesidad empírica de la misma, el sacrificio del deseo regresivo resulta en la creación del mundo; y, desde un punto de vista psicológico, del universo en su conjunto. Para quien mira hacia atrás, el mundo, incluso el vasto cielo estrellado, es la madre que se inclina sobre él y lo rodea por completo, y de la renuncia a esta idea y el anhelo por ella surge la imagen del mundo. De este concepto tan simple, que quizás nos resulte extraño solo porque está concebido desde el principio del deseo y no desde el principio de la realidad, emerge el significado del sacrificio cósmico. Un ejemplo claro es el sacrificio de la madre primitiva babilónica Tiâmat, el dragón, cuyo cuerpo está destinado a formar el cielo y la tierra. Este pensamiento se expresa en su forma más acabada en la filosofía hindú más antigua, es decir, en los himnos del Rigveda. En Rigveda 10:81,4, el verso indaga:

"¿Cuál fue el árbol, qué madera lo produjo, con el que formaron la tierra y el cielo?

Vosotros, sabios, reflexionad en vuestro interior sobre qué árbol se apoyó cuando estableció todas las cosas".

Viçvakarman, el Todo Creador, que forjó el mundo a partir del árbol desconocido, lo hizo de la siguiente manera:

"Aquel que, sacrificándose, se fundió en todos los seres

Como un sabio oferente, nuestro Padre, quien,

Buscando bendiciones mediante la oración

Ocultando su procedencia,

Se adentró en este mundo modesto,

¿Qué y quién le sirvió

Como sustento y apoyo?".

El Rigveda 10:90 responde a estas preguntas. Purusha es el ser primordial que

"... cubrió la tierra completamente y

se extendió diez dedos más allá".

Purusha se describe como una especie de alma mundial platónica, que envuelve al mundo desde el exterior. Sobre Purusha se afirma:

"Al nacer, cubrió la tierra

Por delante, por detrás y por todos lados".

El simbolismo materno en la figura de Purusha es claro, ya que representa tanto la imagen de la madre como el deseo del niño por ella. Partiendo de esta base, toda la narrativa se despliega de manera coherente:

"Como un animal de sacrificio sobre la paja

Así fue consagrado Purusha,

Quien nació sobre la paja,

A quien dioses, sabios y seres de luz,

Reunidos, ofrecieron en sacrificio".

Este verso resalta por su originalidad; intentar adaptarlo al rigor lógico sería un acto de violencia contra su esencia. Presenta una fantasía donde, junto a los dioses, se encuentran "sabios" comunes participando en el sacrificio del ser primordial, a pesar de que, al lado de este ser, no existía nada antes del sacrificio, como veremos más adelante. Si interpretamos esto como el gran misterio del sacrificio maternal, entonces todo cobra sentido:

"Del gran sacrificio universal

se recogió la grasa que goteaba.

De ahí surgieron las criaturas del aire,

Los animales, tanto salvajes como domésticos.

Del mismo sacrificio universal

nacieron los Richas y Sama-hymns;

De él surgieron los metros,

Y del mismo nació el Yajus.

"De su mente emergió la luna

Y del ojo, el sol;

De su boca nacieron Indra y Agni,

Y de su aliento, Vâyu.

"Del ombligo brotó el aire;

Del cráneo, el cielo se formó;

La tierra, de sus pies, y de sus orejas

Las regiones. Así se formaron los mundos".

Claramente, estamos frente a una cosmogonía psicológica, no física. El mundo emerge cuando el hombre lo descubre, lo cual sucede al sacrificar la figura materna; es decir, al liberarse del entorno inconsciente representado por la madre. Lo que impulsa a este descubrimiento se puede interpretar como la "barrera del incesto" de Freud. La prohibición del incesto termina con el deseo infantil por la madre nutricia, forzando a la libido, que progresivamente se sexualiza, a buscar un objetivo biológico. Apartada de la madre por la prohibición del incesto, la libido busca reemplazos sexuales. En este sentido ampliado, y expresado mediante el lenguaje alegórico de la "prohibición del incesto", "madre", etc., se debe entender la frase paradójica de Freud: "Originalmente, solo conocíamos objetos sexuales". Esta afirmación se refiere al acto de pensar, emergiendo dinámicamente de la libido que, ante la "barrera del incesto", se desvió del objeto original y se activó con las primeras emociones sexuales. La barrera del incesto obliga a la libido sexual a desidentificarse de los padres, convirtiéndose en introvertida por la falta de un objetivo adecuado. Es esta libido la que impulsa al individuo a alejarse gradualmente de su familia. De no ser por esta necesidad, la familia permanecería unida indefinidamente. Así, el neurótico evita la experiencia erótica plena para mantenerse en su infancia. Las fantasías surgen de la introversión de la libido sexual. Dado que las primeras fantasías infantiles no conforman un plan consciente y surgen directamente del inconsciente, es probable que las primeras manifestaciones fantásticas sean actos de regresión, retrocediendo a una etapa presexual, como indican diversos indicios. Aquí, la libido sexual recupera la capacidad universal de aplicación que poseía antes de la diferenciación sexual. Sin un objeto adecuado para la libido regresiva, solo existen sucedáneos, dejando siempre un deseo insatisfecho por un objeto más similar al sexual. Este deseo oculto es, en realidad, un deseo de incesto. El deseo inconsciente no satisfecho genera innumerables objetos secundarios, símbolos del objeto primigenio, la madre (como el Rigveda describe al creador del mundo, "ocultando su origen", integrándose en las cosas). De esta libido originariamente sexual emergen el pensamiento y las fantasías, como manifestaciones desexualizadas.

Desde la perspectiva de la libido, el término "barrera del incesto" aborda solo una faceta del asunto. Sin embargo, es posible considerarlo desde otra óptica.

La etapa de la sexualidad aún no desarrollada, alrededor de los tres o cuatro años, coincide, desde un punto de vista externo, con el momento en que el niño enfrenta las mayores demandas del mundo real. Ya puede caminar, hablar y realizar actividades de forma independiente. Se ve a sí mismo ante un mundo lleno de posibilidades ilimitadas, aunque se siente limitado en sus acciones por su dependencia de la madre. En este punto crucial, el mundo debe tomar el lugar de la madre. El pasado emerge como la mayor resistencia a este cambio, como suele ocurrir cada vez que se inicia un nuevo proceso de adaptación. A pesar de los esfuerzos y las decisiones conscientes, el inconsciente (el pasado) siempre plantea resistencias. Precisamente en esta etapa crítica de desarrollo sexual, asistimos al despertar del pensamiento. El desafío para el niño es descubrir el mundo y la vasta realidad más allá de lo subjetivo, lo que implica desapegarse de la madre; cada paso hacia el mundo es un paso alejado de ella. Todo lo que es regresivo en el ser humano se opone a este cambio, y se hacen esfuerzos considerables contra esta adaptación. Por ello, este periodo también ve el surgimiento de las primeras neurosis claramente definidas. La tendencia de esta edad es diametralmente opuesta a la de la dementia præcox. Mientras el niño busca conquistar el mundo y dejar atrás a la madre (un resultado necesario), el paciente con dementia præcox intenta abandonar el mundo para recuperar la subjetividad infantil. En la dementia præcox, la reciente adaptación a la realidad es reemplazada por una forma de adaptación más arcaica; es decir, la nueva concepción del mundo es sustituida por una visión antigua. Si el niño renuncia a su tarea de adaptarse a la realidad o encuentra dificultades significativas en este aspecto, entonces es plausible que se reemplacen los métodos recientes de adaptación por otros arcaicos. Por tanto, mediante la regresión en los niños, podrían resurgir formas antiguas de pensamiento, innatas a la diferenciación cerebral.

Basándome en material aún no publicado, la fantasía infantil parece poseer un carácter marcadamente arcaico y de aplicación universal, similar a los productos de la dementia præcox. No sería extraño que mediante la regresión a esta edad, se reactiven asociaciones de elementos y analogías que constituyeron la concepción arcaica del mundo. Al examinar la naturaleza de estos elementos, un vistazo a la psicología de los mitos revela que la idea arcaica del mundo era principalmente un antropomorfismo sexual. En la fantasía infantil inconsciente, estos aspectos tienen un papel destacado, como demuestran ejemplos aislados. Al igual que el sexualismo en las neurosis no debe interpretarse literalmente, sino como una fantasía regresiva y compensación simbólica de una adaptación reciente fallida, el sexualismo en la fantasía infantil temprana, especialmente el problema del incesto, es un producto regresivo del renacimiento de modos de funcionamiento arcaicos, sobrepasando la realidad actual. Por esta razón, he sido intencionalmente vago respecto al problema del incesto en este trabajo. Esto se debe a que no quiero dar a entender que se trata de una mera inclinación sexual hacia los padres. La realidad es mucho más compleja, como indican mis investigaciones. El incesto probablemente nunca tuvo un significado particularmente importante como tal, ya que la unión con una anciana difícilmente podría preferirse sobre el emparejamiento con una mujer joven. La madre adquirió un significado incestuoso solo psicológicamente. Así, las uniones incestuosas de la antigüedad no eran fruto del amor, sino de supersticiones vinculadas a las ideas míticas aquí tratadas. Estas uniones eran más un arreglo artificial que natural, originadas más de una inclinación teórica que biológica. La confusión de los bárbaros antiguos al elegir sus parejas sexuales no puede juzgarse con nuestros actuales estándares psicológicos del amor. El incesto de la era semianimal no tiene comparación con la importancia de la fantasía del incesto en las personas civilizadas. Esta disparidad sugiere que la prohibición del incesto, presente incluso en culturas relativamente primitivas, se refiere más a las ideas míticas que al perjuicio biológico; por lo tanto, la prohibición étnica se centra casi siempre en la madre y raramente en el padre. La prohibición del incesto puede verse, entonces, como el resultado de una regresión y como la manifestación de un miedo libidinoso que retrocede regresivamente hacia la madre. Es difícil o imposible determinar el origen de este miedo. Solo me atrevo a sugerir que podría tratarse de una separación primitiva de los opuestos que se esconden en la voluntad de vivir: la voluntad de vida y de muerte. Queda oscuro qué adaptación el hombre primitivo intentó evitar mediante la introversión y la regresión hacia los padres; sin embargo, siguiendo la analogía de la psique en general, se puede suponer que la libido, que perturbó el equilibrio inicial entre el ser y el no ser, se había concentrado en el intento de realizar una adaptación particularmente difícil, de la cual retrocede incluso hoy.

Después de esta extensa digresión, retomemos el tema del canto del Rigveda. La reflexión y la percepción del mundo surgieron como respuesta a una realidad rigurosa. Solo después de que el ser humano, retrocediendo, se haya afianzado de nuevo en el poder protector de la figura paterna, entra en la existencia envuelto en un sueño infantil impregnado de supersticiones mágicas. Este proceso de "pensamiento" implica que, al sacrificar de manera tímida lo mejor de sí mismo y asegurarse el favor de las fuerzas invisibles, avanza gradualmente hacia una mayor autoridad, conforme se libera de su impulso regresivo y de la discordia original de su ser.

El Rigveda 10, 90, concluye con un versículo de gran significado, que también tiene relevancia para los misterios cristianos:

"Los dioses, al realizar sacrificios, rendían homenaje al sacrificio: estas fueron las primeras leyes sagradas,

Los poderosos alcanzaron las alturas celestiales, donde residen las Sâdhyas, divinidades de antaño".

A través del sacrificio, se alcanzó una plenitud de poder que se extiende hasta el poder de los "padres". Así, el sacrificio adquiere también el significado de un proceso de maduración psicológica.

De la misma manera en que el mundo se originó mediante el sacrificio, renunciando a la libido materna retrospectiva, según las enseñanzas de los Upanishads, se produce una nueva condición humana, que puede ser denominada inmortal. Esta nueva condición se logra nuevamente a través de un sacrificio, específicamente mediante el caballo sacrificado, al cual se le otorga un significado cósmico en las enseñanzas de los Upanishads. El Brihadâranyaka-Upanishad 1: 1 explica el significado del caballo sacrificado:

"¡Om!

"1. El amanecer es verdaderamente la cabeza del caballo del sacrificio, el sol su ojo, el viento su aliento, su boca el fuego que todo lo consume; el año es el cuerpo del caballo del sacrificio. El cielo es su lomo, la atmósfera su cavidad corporal, la tierra la bóveda de su vientre; los polos son sus costados, el espacio entre los polos sus costillas; las estaciones sus miembros, los meses y medios meses sus articulaciones, el día y la noche sus pies, las estrellas sus huesos, las nubes su carne, la comida que digiere son los desiertos; los ríos, sus venas; el hígado y los pulmones, las montañas; las hierbas y los árboles, su pelo; el sol naciente es su parte delantera, el sol poniente su parte trasera. Cuando muestra los dientes, es el relámpago; cuando tiembla, es el trueno; cuando orina, es la lluvia; su voz es el habla.

"2. El día, en verdad, se ha originado para el caballo como el plato del sacrificio, que está delante de él; su cuna está en el mundo-mar hacia el Este; la noche se ha originado para él como el plato del sacrificio, que está detrás de él; su cuna está en el mundo-mar de la tarde; estos dos platos se originaron para rodear al caballo. Como cargador generó a los dioses, como campeón produjo a los Gandharvas, como corredor a los demonios, como caballo a la humanidad. El océano es su pariente, el océano su cuna".

Deussen destaca que el sacrificio del caballo simboliza una renuncia simbólica al universo. Este acto implica que, al sacrificar al caballo, se está, de manera figurada, sacrificando y destruyendo el mundo, una noción que Schopenhauer contempló y que Schreber interpretó como el pensamiento de una mente perturbada. En la descripción, el caballo se sitúa entre dos recipientes sagrados, representando el ciclo del sol de la mañana a la tarde, y simbolizando la transferencia de energía vital al cosmos. Antes mencionamos que para crear el mundo, era necesario el sacrificio de la "libido madre"; ahora, la destrucción del mundo se logra mediante el sacrificio continuo de esa misma energía, anteriormente asociada a la figura materna. El caballo, así, se convierte en un emblema de esta energía vital, reforzando su vínculo con el aspecto maternal. Este sacrificio conduce a un estado de introspección, reminiscente al período previo a la creación del mundo. La colocación del caballo entre dos recipientes, que simbolizan la dualidad de la madre como creadora y consumidora, sugiere la imagen de la vida confinada en el óvulo, con los recipientes "abrazando" simbólicamente al caballo.

El Brihadâranyaka-Upanishad 3:3 ilustra esta idea, narrando cómo los descendientes de Parikshit, interrogados por Iâjñavalkya, provienen de la misma fuente que aquellos que realizan el sacrificio del caballo, simbolizando el mundo como un espacio delimitado por los recorridos del sol y rodeado por la tierra y el océano. La existencia de un estrecho espacio entre los límites del mundo se asocia con la travesía de las almas, guiadas por Indra en forma de halcón, hacia el punto de sacrificio, en una fusión de filosofía y mitología que revela cómo la reflexión filosófica se origina en la mitología, elevada a una forma más depurada por la confrontación con la realidad.

La narrativa sobre el caballo en el drama de la paciente, al igual que la muerte temprana de Eabani, amigo de Gilgamesh, resalta la importancia del sacrificio animal en la mitología, relacionando estrechamente al animal sacrificado con la figura del héroe y la divinidad. Este sacrificio simboliza el abandono de la naturaleza animal, un tema profundamente explorado en la leyenda de Atis, quien, en un acto de locura inducida por su amor maternal, se autoinflige la castración bajo un pino, simbolizando la renuncia a su vitalidad animal. Esta acción se traduce en una profunda conexión con la tierra, simbolizada por la transformación de su sangre en violetas y la posterior veneración del pino como representación de Atis. Este mito, junto con otros relatos similares, resalta el simbolismo del sacrificio y la renuncia como elementos centrales en la narrativa mitológica, donde el sacrificio animal, y por extensión el sacrificio de la propia naturaleza animal, se convierte en un acto de devoción y transformación espiritual.

Una figura similar a Mitra es el antiguo hombre Gayomard. Según la narrativa, fue creado junto con un toro y ambos vivieron en un estado feliz durante seis mil años. Sin embargo, cuando el mundo entró en el ciclo del séptimo signo del Zodíaco, Libra, surgió el principio maligno. Libra, astrológicamente, está asociada con Venus, considerada positiva, por lo que el principio maligno quedó bajo el dominio de la diosa del amor, lo que resultó en la muerte de Gayomard y su toro después de treinta años. Se dice que del toro muerto surgieron cincuenta y cinco especies de granos y doce clases de plantas saludables. El esperma del toro se purificaba en la luna, mientras que el de Gayomard se asociaba con el sol, lo que sugiere un posible simbolismo femenino del toro.

El sacrificio del toro y su relación con el fuego también se observa en la tradición china, donde el espíritu del hogar, asociado con el fuego, es considerado femenino. Este concepto se refleja en rituales donde se quema madera para honrar a las difuntas cocineras, denominadas "mujeres viejas". Con el tiempo, el antiguo espíritu del fuego femenino evoluciona para convertirse en el dios de la cocina, actuando como un mediador entre la familia y el mundo divino.

Gayomard es asociado con la destrucción del demonio de los malos apetitos y su resurrección se asemeja a la derrota de Satán en el Apocalipsis de Juan. Se especula que Zaratustra, cuyo nombre puede significar "estrella dorada", es equivalente a Mitra. Este último nombre está relacionado con "Mihr" en neopersa, que significa "sol y amor".

En la mitología de Zagreus, el toro y el dios son considerados idénticos, lo que hace que el sacrificio del toro sea también un sacrificio del dios, aunque en un nivel más primitivo. El símbolo animal representa una parte del héroe, quien simbólicamente renuncia a su naturaleza animal al sacrificar al toro. La expresión facial de Mitra mientras mata al toro refleja una mezcla de angustia y éxtasis, similar al semblante del Crucificado de Guido Reni.

Un ser paralelo a Mitra es Gayomard, el hombre primitivo. Se cuenta que fue creado junto a su toro, y juntos vivieron seis mil años en un estado de felicidad. Sin embargo, cuando el mundo ingresó en el ciclo del séptimo signo del Zodíaco, Libra, surgió el principio maligno. Libra es considerado astrológicamente el domicilio positivo de Venus, lo que situó al principio maligno bajo la influencia de la diosa del amor, desencadenando así la destrucción de Gayomard y su toro tras treinta años. De la muerte del toro surgieron cincuenta y cinco especies de grano, doce tipos de plantas saludables, entre otros. Se dice que el esperma del toro se purificaba en la luna, mientras que el de Gayomard lo hacía en el sol, sugiriendo posiblemente una connotación femenina del toro.

El alma del toro, conocida como Gosh o Drvâçpa, era venerada como una divinidad femenina. Al principio, por desconfianza, no fue aceptada como la diosa de los rebaños hasta que se anunció la llegada de Zaratustra, lo cual se asemeja al relato del Purâna hindú sobre la promesa de la venida de Krishna a la tierra. El mito de Gayomard refleja la concepción primitiva de una divinidad masculina-femenina que se engendra a sí misma.

El fuego, al igual que el toro sacrificado, tiene una naturaleza femenina entre los chinos, según lo expresado por el filósofo Tschwang-Tse. Se considera que el espíritu del hogar, representado por el fuego, es el alma de las cocineras difuntas, a quienes se les llama "mujeres viejas". Este antiguo espíritu femenino del fuego evoluciona posteriormente en el dios de la cocina, convirtiéndose en una especie de Logos.

Se cuenta que del esperma del toro surgieron los progenitores del ganado y 272 especies de animales útiles. Además, se relata que Gayomard destruyó al Dév Azûr, el demonio de los malos apetitos, aunque su erradicación completa se produjo más tarde. En otra versión, se menciona que Angromainyus y la serpiente fueron dejados para ser destruidos al final por Ahuramazda.

En cuanto a Mitra, algunos sugieren que su nombre podría significar "estrella dorada" y estar relacionado con Mihr, que significa "sol y amor" en neopersa.

En el mito de Zagreus, se observa que el toro es equivalente al dios mismo, lo que hace del sacrificio del toro un sacrificio divino en una etapa primitiva. El sacrificio simboliza la renuncia a la naturaleza animal, expresada en la imagen del Mitra que sacrifica al toro con una expresión extática y angustiada.

Los semblantes del Tauroctonos, en diversas representaciones, muestran una belleza casi femenina y una expresión de tristeza, lo que sugiere una conexión profunda con el simbolismo del sacrificio.

En la antigüedad, quizás el sacrificio anual de la doncella más hermosa al dragón representaba el ideal simbólico más elevado. Este acto apaciguaba la ira de la "madre terrible" al ofrecerle la libido del hombre encarnada en la mujer sacrificada. Ejemplos menos extremos incluían el sacrificio del primogénito y de preciados animales domésticos. Otra forma ideal era la autocastración en honor a la madre divina, practicada en el culto a la Dea Siria, siendo la circuncisión una variante atenuada. Estos sacrificios, cuando son simbólicamente perfectos, representan el alejamiento de la libido de la madre, implicando una muerte simbólica para recuperar la vida. A través del sacrificio, el hombre busca liberarse del miedo a la muerte y reconciliarse con la madre destructora.

En religiones posteriores, donde el héroe se convierte en la figura divina central, se sacrifica voluntariamente a sí mismo como sacerdote y renovador de la vida. Pero como el héroe es imaginario y su sacrificio un misterio trascendental con un significado más profundo que el mero acto sacrificial, esta evolución del simbolismo a menudo retoma la idea del sacrificio humano, en parte por fantasías inconscientes que emergen de lo más hondo, y en parte por la naturaleza superior de la libido religiosa que demanda una expresión más plena y equivalente.

La estrecha relación entre Mitra y el toro es notable. En los misterios cristianos, es el propio héroe quien voluntariamente se ofrece en sacrificio. El héroe, como se ha explicado, representa la personalidad infantil que anhela a la madre. Así como Mitra sacrifica este deseo (la libido), Cristo se entrega a la muerte, tanto de forma voluntaria como involuntaria.

En los monumentos mitraicos, a menudo se encuentra un símbolo peculiar: un cáliz envuelto por una serpiente, a veces con un león enfrentándola. Ambos parecen luchar por el cáliz, que representa a la madre, mientras la serpiente simboliza la resistencia defensiva y el león la fuerza dominante. Es una batalla por la madre, y la serpiente suele participar en el sacrificio del toro, dirigiéndose hacia la sangre que brota de la herida, sugiriendo que la vida del toro (la sangre) se sacrifica en favor de la serpiente.

Este antagonismo entre la serpiente y el león por el cáliz debe entenderse como una lucha por el fructífero vientre materno, análoga al simbolismo en la canción de Tishtriya, donde el demonio Apaosha, como un caballo negro, posee el lago de la lluvia, mientras el caballo blanco Tishtriya debe expulsarlo. Aquí, la muerte ejerce ocasionalmente su influjo destructivo sobre la vida y la fertilidad, y la libido desaparece, retornando al útero materno para renacer. Es probable que el sacrificio mitraico del toro también signifique el sacrificio de la madre que suscita el miedo a la muerte. En este sentido, el sacrificio implica una impregnación de la madre; la serpiente, como símbolo del miedo a la muerte, bebe la sangre, es decir, la libido (esperma) del héroe que comete el incesto. Así, la vida se inmortaliza para el héroe, quien, como el sol, se regenera a sí mismo.

A partir de estos elementos, resulta evidente que en los misterios cristianos se encuentra presente el simbolismo del sacrificio humano, o el sacrificio del hijo a la madre. De manera similar a cómo Atis se castra a sí mismo en honor a la madre, Cristo se entrega a la muerte, redimiendo así a la creación del destino de la muerte. Al regresar al seno materno en su muerte, Cristo redime el pecado en la vida del hombre primitivo, Adán, para satisfacer el sentido más profundo y oculto de la libido religiosa con su expresión más elevada. El martirio de Cristo, según Agustín, representa un Hierosgamos con la madre, donde la muerte de Cristo simboliza una unión sagrada con ella.

Este pasaje revela de manera notable cómo el simbolismo materno se manifiesta significativamente en diversas prácticas rituales y mitológicas, ejerciendo una profunda influencia en la psique colectiva y la cultura occidental.

Al comparar el sacrificio mitraico con el cristiano, se hace patente la superioridad del símbolo cristiano: este último exige una entrega total y un genuino autosacrificio para alcanzar un fin más elevado, mientras que el Sacrificium Mithriacum se limita a sacrificios animales, permaneciendo en un estadio simbólico más primitivo. El efecto religioso de estos símbolos radica en orientar el inconsciente a través de la imitación.

En la fantasía de la paciente, se evidencia una compulsión interna al pasar del sacrificio del caballo al autosacrificio del héroe. Mientras que el primero simboliza la renuncia a los deseos sexuales, el segundo conlleva un significado más profundo y éticamente valioso: el sacrificio de la personalidad infantil. A menudo se malinterpreta que el objetivo del psicoanálisis implica solo la renuncia o la gratificación de los deseos sexuales ordinarios, cuando en realidad se trata de la sublimación de la personalidad infantil, o metafóricamente hablando, un sacrificio y renacimiento del héroe interior.

En los misterios cristianos, el resucitado se transforma en un ser supramundano, y los creyentes obtienen el reino invisible de Dios y sus misteriosos dones mediante el sacrificio de sí mismos. En el psicoanálisis, la personalidad infantil se libera de sus fijaciones libidinales de manera racional, permitiendo la construcción de una personalidad madura y adaptada a la realidad, capaz de cumplir las demandas de la vida sin resistencia.

La serpiente, como instrumento de sacrificio, ha sido ampliamente representada en diversas leyendas y simbolismos. Además de ser un cuchillo destructor, simboliza el acto de coito. Su significado religioso como animal cavernícola y ctónico sugiere la entrada en el vientre materno en forma de serpiente. La relación entre el caballo y la serpiente, o entre el toro y la serpiente, representa una oposición de la libido, un esfuerzo hacia delante y hacia atrás al mismo tiempo, manifestando tanto la voluntad de crecimiento como la voluntad de destrucción inherentes a la vida.

El simbolismo del sacrificio en el mito del héroe nos ofrece una visión profunda de los desafíos psicológicos que enfrentamos en nuestro propio viaje de individuación. A medida que avanzamos, exploraremos cómo estos temas arquetípicos resuenan en la experiencia humana contemporánea y cómo pueden guiarnos hacia una mayor comprensión de nosotros mismos y nuestro lugar en el mundo.

La Relevancia de los Mitos Antiguos

Después de explorar el simbolismo del sacrificio en el mito del héroe, surge una pregunta crucial: ¿qué relevancia tienen estos antiguos mitos para nosotros hoy en día? En este capítulo, examinaremos cómo los arquetipos y temas presentes en estos mitos continúan resonando en la psique humana, influenciando nuestros sueños, desafíos psicológicos y búsqueda de significado en el mundo moderno.

La antigua narrativa de la humanidad resurge en nuestros días con renovado vigor a través de imágenes simbólicas y mitos que han perdurado a lo largo de los siglos. Mientras los arqueólogos se sumergen en las profundidades del pasado, no solo los acontecimientos históricos captan nuestra atención, sino también las esculturas, los diseños, los templos y los dialectos que nos hablan de antiguas creencias. Los filólogos e historiadores de la religión se encargan de traducir estas creencias a conceptos modernos comprensibles, mientras que los antropólogos culturales las hacen cobrar vida al mostrar cómo los mismos patrones simbólicos se mantienen inalterados en los rituales y mitos de sociedades tribales aisladas, en las fronteras de la civilización.

Estas investigaciones han contribuido de manera significativa a corregir la perspectiva unilateral de algunos contemporáneos que consideran que estos símbolos pertenecen únicamente a culturas antiguas o a tribus modernas "primitivas", y por ende, carecen de relevancia para la complejidad de la vida actual. En metrópolis como Londres o Nueva York, los rituales de fertilidad del Hombre Neolítico son desestimados como meras supersticiones arcaicas. Las visiones o la percepción de presencias ya no se interpretan como señales divinas, sino como indicios de desequilibrio mental. A pesar de que leemos los mitos de la antigua Grecia o las leyendas de los pueblos originarios de América, rara vez percibimos las conexiones entre ellos y nuestras actitudes hacia los héroes o los acontecimientos contemporáneos.

Sin embargo, estas conexiones existen, y los símbolos que las representan mantienen su trascendencia para la humanidad.

La Escuela de Psicología Analítica fundada por el Dr. Jung ha desempeñado un papel fundamental en la comprensión y revalorización de estos símbolos eternos. Ha contribuido a derribar la distinción artificial entre el ser humano primitivo, para quien los símbolos eran una parte integral de la vida cotidiana, y el individuo moderno, que tiende a percibirlos como irrelevantes y carentes de significado.

Como el Dr. Jung ha señalado, la mente humana posee su propia historia, y la psique conserva vestigios de etapas anteriores de su desarrollo. Los contenidos del inconsciente ejercen una influencia formativa sobre la psique, a pesar de que conscientemente puedan ser ignorados. El ser humano responde a ellos y a las formas simbólicas en las que se manifiestan, incluyendo los sueños.

Aunque un individuo pueda considerar que sus sueños son caóticos, con el tiempo, un analista puede identificar patrones significativos en ellos. Algunos de los símbolos presentes en estos sueños provienen del "inconsciente colectivo", aquella parte de la psique que retiene y transmite la herencia psicológica común de la humanidad. Estos símbolos, antiguos y a menudo desconcertantes para el individuo moderno, son difíciles de comprender y asimilar de manera directa.

Es aquí donde la asistencia del analista resulta crucial. Puede ser necesario liberar al paciente de símbolos obsoletos o ayudarlo a redescubrir el valor imperecedero de un símbolo antiguo que busca renacer de una forma moderna.

Antes de que el analista pueda explorar de manera efectiva el significado de los símbolos con un paciente, debe adquirir un conocimiento profundo de sus orígenes y significados. Las analogías entre los mitos antiguos y las historias presentes en los sueños de los pacientes no son casuales; existen porque el inconsciente del ser humano moderno conserva la capacidad de crear símbolos, una habilidad que antaño se expresaba en las creencias y rituales de los pueblos primitivos. Esta capacidad sigue siendo crucial para la salud psicológica, ya que los comportamientos y actitudes están profundamente influenciados por estos símbolos.

En tiempos de conflicto, por ejemplo, el ser humano se siente atraído hacia obras literarias clásicas que abordan temas universales como la guerra. Aunque las batallas en épocas pasadas fueran radicalmente diferentes de los conflictos modernos, los grandes escritores poseen la habilidad de trascender las barreras temporales y culturales para expresar temas que resuenan en lo más profundo del ser. El ser humano responde a estos temas porque son intrínsecamente simbólicos.

Un ejemplo cotidiano de esto es la celebración de la Navidad en las sociedades cristianas. Aunque muchos no crean en la doctrina del nacimiento virginal de Cristo, la festividad todavía evoca un sentimiento de renacimiento y esperanza ante el cambio de estación en el hemisferio norte. Esta festividad es una reliquia de antiguas celebraciones solsticiales y conecta al ser humano con un simbolismo que trasciende las creencias individuales. De manera similar, se participa en rituales simbólicos como la búsqueda de huevos de Pascua con los niños, sin necesariamente adherirse a creencias religiosas concretas.

Pero, ¿realmente se comprende la conexión entre la historia de nacimiento, muerte y resurrección de Cristo y el simbolismo popular de la Pascua? Por lo general, ni siquiera se considera intelectualmente estas cuestiones.

Sin embargo, tienen una relación complementaria. A primera vista, la crucifixión de Cristo el Viernes Santo parece encajar en el mismo patrón de simbolismo de fertilidad presente en los rituales de otros "salvadores" como Osiris, Tamuz, Orfeo y Balder. Estos también tenían un origen divino o semidivino, experimentaban un periodo de florecimiento, muerte y renacimiento. Pertenecían a religiones cíclicas en las que el ciclo de muerte y renacimiento del dios-rey era un mito recurrente.

Pero la resurrección de Cristo el Domingo de Resurrección resulta menos satisfactoria desde el punto de vista ritual que el simbolismo de las religiones cíclicas. Cristo asciende para sentarse a la diestra de Dios Padre; su resurrección ocurre de una vez por todas.

Es esta finalidad del concepto cristiano de la resurrección (similar al tema "cerrado" del Juicio Final cristiano) lo que diferencia al cristianismo de otros mitos de reyes-dioses. Sucedió una vez, y el ritual se limita a conmemorarla. Sin embargo, esta sensación de finalidad es probablemente una de las razones por las que los primeros cristianos, aún influenciados por tradiciones precristianas, sintieron la necesidad de complementar el cristianismo con elementos de un antiguo ritual de fertilidad.

Necesitaban la promesa recurrente del renacimiento; y eso es lo que simbolizan el huevo y el conejo de Pascua.

Se han seleccionado dos ejemplos bastante diferentes para demostrar cómo el ser humano moderno sigue respondiendo a profundas influencias psíquicas que, conscientemente, descarta como simples cuentos populares de pueblos supersticiosos e incultos. Sin embargo, es crucial ir más allá. Cuanto más se analiza la historia del simbolismo y el papel que los símbolos han desempeñado en la vida de diferentes culturas, más se comprende que estos símbolos también tienen un significado recreador.

Algunos símbolos están relacionados con la infancia y la transición a la adolescencia, otros con la madurez, y otros nuevamente con la experiencia de la vejez, cuando el individuo se prepara para su inevitable muerte. El Dr. Jung observó cómo los sueños de una niña de ocho años contenían símbolos asociados normalmente con la vejez. Sus sueños presentaban aspectos de la iniciación a la vida que coincidían con el mismo patrón arquetípico que la iniciación a la muerte. Esta progresión de ideas simbólicas puede ocurrir, por lo tanto, en la mente inconsciente del ser humano moderno de la misma manera que ocurría en los rituales de las antiguas sociedades.

Esta conexión crucial entre los mitos arcaicos o primitivos y los símbolos producidos por el inconsciente es de inmensa importancia práctica para el analista. Le permite identificar e interpretar estos símbolos en un contexto que les proporciona una perspectiva histórica y un significado psicológico. Es tarea del analista explorar algunos de los mitos más importantes de la antigüedad y mostrar cómo -y con qué propósito- son análogos al material simbólico que se encuentra en los sueños.

El Arquetipo del Héroe y su Evolución Psicológica

El mito del héroe es uno de los más universales y conocidos en todas las culturas del mundo. Se encuentra presente en la mitología clásica de Grecia y Roma, en las leyendas medievales, en las tradiciones orientales y en las tribus primitivas contemporáneas. Incluso aparece en nuestros sueños. Posee un evidente atractivo dramático y una profunda significación psicológica, aunque esta última resulte menos evidente.

Estos mitos heroicos, a pesar de la diversidad en sus detalles, presentan una estructura sorprendentemente similar cuando se los examina con detenimiento. Siguen un patrón universal, aun cuando hayan sido desarrollados por grupos o individuos sin contacto cultural directo entre sí, como las tribus africanas y los indígenas norteamericanos, los antiguos griegos y los incas del Perú. Una y otra vez, se relatan historias que describen el nacimiento milagroso pero humilde de un héroe, sus proezas de fuerza sobrehumana en la temprana edad, su rápido ascenso al poder o la prominencia, sus luchas triunfantes contra las fuerzas del mal, su vulnerabilidad ante el pecado de orgullo (hybris) y su decadencia por traición o un acto de sacrificio "heroico" que culmina en su muerte.

Más adelante, se explicará con mayor detalle por qué este patrón posee un profundo significado psicológico, tanto para el desarrollo individual en la búsqueda de afirmar la personalidad, como para una sociedad entera en su necesidad de establecer una identidad colectiva. No obstante, otro rasgo importante del mito del héroe proporciona una clave. En muchas de estas narraciones, la debilidad inicial del héroe se compensa con la aparición de poderosas figuras tutelares o guardianes que le facilitan la realización de tareas sobrehumanas que no podría llevar a cabo sin ayuda. En la mitología griega, Teseo contaba con Poseidón, dios del mar; Perseo tenía a Atenea; y Aquiles, al sabio centauro Quirón.

Estas figuras divinas representan simbólicamente la totalidad de la psique, esa identidad más amplia y abarcadora que proporciona la fortaleza que el ego personal por sí solo carece. Su especial función sugiere que el propósito esencial del mito heroico radica en el desarrollo de la conciencia individual del ego, su percepción de las propias fortalezas y debilidades, de modo que se encuentre preparado para las arduas tareas que la vida le presentará. Una vez superada la prueba inicial, cuando el individuo puede ingresar en la fase madura de la vida, el mito del héroe pierde su relevancia. La muerte simbólica del héroe se convierte, por así decirlo, en la consecución de esa madurez.

Hasta aquí se ha abordado el mito del héroe en su totalidad, donde se detalla el ciclo completo desde el nacimiento hasta la muerte. Sin embargo, es fundamental reconocer que en cada etapa de este ciclo existen formas particulares de la historia heroica que se aplican al punto específico alcanzado por el individuo en el desarrollo de su conciencia del yo y al problema concreto que enfrenta en un momento determinado. En otras palabras, la imagen del héroe evoluciona de una manera que refleja cada etapa de la evolución de la personalidad humana.

Este concepto puede comprenderse mejor si se lo presenta en lo que equivale a un diagrama. Carl Jung tomó este ejemplo de la oscura tribu norteamericana de los winnebago, porque establece con bastante claridad cuatro etapas distintas en la evolución del héroe. En estos relatos (publicados por el Dr. Paul Radin en 1948 bajo el título "Ciclos del Héroe de los Winnebago") puede apreciarse la progresión definida desde el concepto más primitivo del héroe hasta el más sofisticado. Esta progresión es característica de otros ciclos heroicos. Aunque las figuras simbólicas en ellos poseen naturalmente nombres diferentes, sus roles son similares, y se comprenderán mejor una vez que se haya captado lo que se quiere expresar con este ejemplo.

El Dr. Radin identificó cuatro ciclos diferenciados en la evolución del mito del héroe: el ciclo del Arlequín, el ciclo de la Liebre, el ciclo del Cuerno Rojo y el ciclo de los Gemelos. Percibió acertadamente la psicología de esta evolución cuando afirmó: "Representa nuestros esfuerzos por enfrentar el problema del crecimiento, con la ayuda de la ilusión de una ficción eterna".

El ciclo del Arlequín corresponde al período más temprano y menos desarrollado de la vida. El Arlequín es una figura cuyos apetitos físicos dominan su comportamiento; posee la mentalidad de un niño pequeño. Carente de cualquier propósito más allá de la satisfacción de sus necesidades primarias, es cruel, cínico e insensible. Esta figura, que al principio adopta la forma de un animal, pasa de una hazaña traviesa a otra. Pero, al hacerlo, se produce un cambio en él. Al final de sus andanzas picarescas, comienza a adquirir la semejanza física de un hombre adulto.

La siguiente figura es la Liebre. Al igual que el Arlequín, también aparece inicialmente en forma animal. Aún no ha alcanzado la estatura humana madura, pero no obstante se presenta como el fundador de la cultura humana: el

Transformador. Los winnebago creen que, al otorgarles su famoso Rito Medicinal, se convirtió en su salvador y héroe cultural. Este mito era tan poderoso, según el Dr. Radin, que los miembros del Rito del Peyote se resistieron a abandonar a la Liebre cuando el cristianismo comenzó a penetrar en la tribu. Se fusionó con la figura de Cristo, y algunos de ellos argumentaron que no necesitaban a Cristo puesto que ya tenían a la Liebre. Esta figura arquetípica representa un claro avance respecto al Arlequín: Se puede apreciar que se está convirtiendo en un ser socializado, corrigiendo los impulsos instintivos e infantiles que se encuentran en el ciclo del Arlequín.

Cuerno Rojo, el tercero de esta serie de héroes, es un personaje ambiguo, del que se dice que es el menor de 10 hermanos. Cumple los requisitos de un héroe arquetípico al superar pruebas como ganar una carrera y demostrar su valía en la batalla. Su poder sobrehumano se manifiesta en su capacidad para derrotar a gigantes con astucia (en una partida de dados) o con fuerza (en un combate de lucha libre). Cuenta con un poderoso compañero en forma de pájaro del trueno llamado "Tormentas-cómo-camina", cuya fuerza compensa cualquier debilidad que Cuerno Rojo pueda mostrar. Con Cuerno Rojo se ha llegado al mundo del hombre, aunque un mundo arcaico, en el que se requiere la ayuda de poderes sobrehumanos o de divinidades tutelares para asegurar la victoria del hombre sobre las fuerzas del mal que le acechan. Hacia el final de la historia, el héroe-dios se marcha, dejando en la tierra a Cuerno Rojo y a sus hijos. El peligro para la felicidad y la seguridad del hombre procede ahora del propio hombre.

Este tema básico (que se repite en el último ciclo, el de los Gemelos) plantea, en efecto, la cuestión vital: ¿Cuánto tiempo puede el ser humano tener éxito sin caer víctima de su propio orgullo o, en términos mitológicos, de los celos de los dioses?

Aunque se afirma que los Gemelos son hijos del Sol, son esencialmente humanos y juntos constituyen una sola persona. Originalmente unidos en el vientre materno, fueron separados al nacer. No obstante, son el uno para el otro y resulta necesario, aunque muy difícil, reunirlos. En estos dos niños se aprecian las dos caras de la naturaleza del hombre. Uno de ellos, Carne, es aquiescente, suave y carente de iniciativa; el otro, Tocón, es dinámico y rebelde. En algunas de las historias de los Héroes Gemelos estas actitudes se refinan hasta el punto de que una figura representa al introvertido, cuya principal fuerza reside en sus poderes de reflexión, y la otra es un extravertido, un hombre de acción capaz de realizar grandes hazañas.

Durante mucho tiempo, estos dos héroes son invencibles: ya sea que se presenten como dos figuras separadas o como una sola, arrasan con todo a su paso. Sin embargo, al igual que los dioses guerreros de la mitología de los indios Navajo, eventualmente enferman debido al abuso de su propio poder. No quedan monstruos en el cielo ni en la tierra a los que vencer, y su consiguiente comportamiento desenfrenado acarrea el castigo. Los winnebago relatan que, al final, nada estaba a salvo de ellos, ni siquiera los pilares sobre los que reposa el mundo. Cuando los Gemelos mataron a uno de los cuatro animales que sostenían la tierra, habían traspasado todos los límites y había llegado el momento de poner fin a su carrera. El castigo que merecían era la muerte.

Así, tanto en el ciclo del Cuerno Rojo como en el de los Gemelos, se observa el tema del sacrificio o la muerte del héroe como un remedio necesario para la hybris, el orgullo desmedido. En las sociedades primitivas cuyos niveles de cultura corresponden al ciclo del Cuerno Rojo, parece que este peligro podía haber sido prevenido mediante la institución del sacrificio humano propiciatorio, un tema de inmensa importancia simbólica que se repite continuamente en la historia de la humanidad. Los winnebago, al igual que los iroqueses y algunas tribus algonquinas, probablemente practicaban el canibalismo ritual como un rito totémico capaz de domar sus impulsos individualistas y destructivos.

En los ejemplos de traición o derrota del héroe que se encuentran en la mitología europea, el tema del sacrificio ritual se emplea más específicamente como castigo por la hybris. Pero los winnebago, al igual que los navajo, no llegan tan lejos. Aunque los Gemelos se equivocaron, y aunque el castigo debería haber sido la muerte, ellos mismos se asustaron tanto por su poder irresponsable que consintieron en vivir en un estado de reposo permanente: los lados conflictivos de la naturaleza humana estaban de nuevo en equilibrio.

Esta descripción detallada de los cuatro tipos de héroe se ha extendido porque demuestra claramente el patrón que se da tanto en los mitos históricos como en los sueños de héroe del hombre contemporáneo. Teniendo esto en cuenta, se puede examinar el siguiente sueño de un paciente de mediana edad que Carl Jung atendió. La interpretación de este sueño muestra cómo el psicólogo analítico puede, a partir de su conocimiento de la mitología, ayudar a su paciente a encontrar una respuesta a lo que de otro modo podría parecer un enigma insoluble. Este hombre soñó que estaba en un teatro, en el papel de "un espectador importante cuya opinión es respetada". Había un acto en el que un mono blanco estaba de pie sobre un pedestal con hombres a su alrededor. Al relatar este sueño, el hombre dijo:

Mi guía me explica el tema. Se trata del calvario de un joven marinero expuesto tanto al viento como a los golpes. Empiezo a objetar que este mono blanco no es en absoluto un marinero; pero justo en ese momento se levanta un joven vestido de negro y pienso que debe de ser el verdadero héroe. Pero otro joven apuesto se dirige a grandes zancadas hacia un altar y se tiende sobre él. Le están haciendo marcas en el pecho desnudo como preparación para ofrecerlo como sacrificio humano.

Entonces me encuentro en una plataforma con otras personas. Podríamos bajar por una pequeña escalera, pero dudo en hacerlo porque hay dos jóvenes rudos de pie y creo que nos detendrán. Pero cuando una mujer del grupo utiliza la escalera sin ser molestada, veo que es seguro y todos la seguimos hacia abajo.

Ahora bien, un sueño de este tipo no puede interpretarse de forma rápida ni sencilla. Es necesario desentrañarlo cuidadosamente para mostrar tanto su relación con la propia vida del soñador como sus implicaciones simbólicas más amplias. El paciente que lo produjo era un hombre que había alcanzado la madurez en un sentido físico. Había tenido éxito en su carrera, y aparentemente le había ido bastante bien como marido y padre. Sin embargo, psicológicamente seguía siendo inmaduro y no había completado su fase juvenil de desarrollo. Era su inmadurez psíquica la que se expresaba en sus sueños como diferentes aspectos del mito del héroe. Estas imágenes seguían ejerciendo una fuerte atracción sobre su imaginación, aunque hacía tiempo que habían agotado todo su significado en términos de la realidad de su vida cotidiana.

Así, en este sueño, se aprecia una serie de figuras presentadas teatralmente como diversos aspectos de una figura que el soñador sigue esperando que resulte ser el verdadero héroe. El primero es un mono blanco, el segundo un marinero, el tercero un joven vestido de negro y el último un "joven apuesto". En la primera parte de la representación, que se supone representa el calvario del marinero, el soñador sólo ve al mono blanco. El hombre de negro aparece de repente y desaparece con la misma brusquedad; es una figura nueva que primero contrasta con el mono blanco y luego se confunde por un momento con el héroe propiamente dicho. (Esta confusión en los sueños no es inusual. El inconsciente no suele presentar imágenes claras al soñador. Éste debe descifrar un significado a partir de una sucesión de contrastes y paradojas).

Significativamente, estas figuras aparecen en el curso de una representación teatral, y este contexto parece ser una referencia directa del soñador a su propio tratamiento psicoanalítico: El "guía" que menciona es presumiblemente su analista. Sin embargo, no se ve a sí mismo como un paciente que está siendo tratado por un médico, sino como "un espectador importante cuya opinión es respetada". Este es el punto de vista desde el que observa ciertas figuras que asocia a la experiencia de crecer. El mono blanco, por ejemplo, le recuerda el comportamiento juguetón y algo anárquico de los niños de entre siete y doce años. El marinero sugiere el aventurerismo de la adolescencia temprana, junto con el consiguiente castigo a base de "palizas" por travesuras irresponsables. El soñador no podía ofrecer ninguna asociación con el joven de negro, pero en el apuesto joven a punto de ser sacrificado vio un recordatorio del idealismo abnegado de la adolescencia tardía.

En esta fase es posible reunir el material histórico (o las imágenes arquetípicas del héroe) y los datos de la experiencia personal del soñador para ver cómo se corroboran, contradicen o matizan mutuamente.

La primera impresión que se desprende es que el mono blanco parece encarnar al Arlequín, o al menos los rasgos de personalidad asociados al Arlequín por los winnebago. Sin embargo, para Jung, el mono también representa algo que el soñador no ha vivido completamente por sí mismo; de hecho, menciona que en el sueño era un mero espectador. Jung descubrió que de niño había estado demasiado ligado a sus padres y que era introspectivo por naturaleza. Por estas razones, nunca había desarrollado completamente las características juguetonas típicas de la infancia tardía, ni había participado en los juegos de sus compañeros de escuela. No había, como dice el refrán, "hecho monerías" ni practicado "travesuras". Este refrán es clave. El mono del sueño es, en realidad, una representación simbólica de la figura del Arlequín.

Pero, ¿por qué el Arlequín se manifiesta como un mono? ¿Y por qué tiene que ser blanco? Como se mencionó antes, el mito winnebago sugiere que, hacia el final del ciclo, el Arlequín comienza a aparecer con la apariencia física de un hombre. Y aquí, en el sueño, hay un mono - tan similar a un ser humano que se convierte en una caricatura ridícula y no demasiado amenazante de un hombre. El propio soñador no pudo ofrecer ninguna asociación personal que pudiera explicar por qué el mono era blanco. Sin embargo, la comprensión del simbolismo primitivo permite suponer que la blancura confiere una cualidad especial de "semejanza con lo divino" a esta figura, por lo demás mundana. (El albino se considera sagrado en muchas culturas primitivas.) Esto concuerda bastante bien con los poderes semidivinos o semimágicos del Arlequín.

Por lo tanto, parece que el mono blanco simboliza para el soñador la cualidad positiva de la alegría infantil, que no había aceptado completamente en su momento y que ahora siente la necesidad de exaltar. Como indica el sueño, lo coloca "en un pedestal", donde se convierte en algo más que una experiencia infantil perdida. Para el adulto, es un símbolo del espíritu creativo y experimental.

Luego, se llega a la confusión sobre si el mono es realmente un mono o un marinero que soporta golpes. Las propias asociaciones del soñador apuntaban al significado de esta transformación. En cualquier caso, la siguiente etapa del desarrollo humano es aquella en la que la irresponsabilidad de la infancia da paso a un período de socialización, que implica someterse a una disciplina dolorosa. Se podría decir, entonces, que el marinero es una versión avanzada del Arlequín, que se está transformando en una persona socialmente responsable a través de una iniciación dolorosa. Basándose en la historia del simbolismo, se puede suponer que el viento representa los elementos naturales en este proceso, mientras que los golpes son los infligidos por el hombre.

En este punto, por lo tanto, hay una referencia al proceso descrito por los winnebago en el ciclo de la Liebre, donde el héroe cultural es una figura débil pero luchadora, dispuesta a sacrificar la niñez en aras de un mayor desarrollo. Una vez más, en esta fase del sueño, el paciente reconoce que no ha experimentado completamente un aspecto importante de la infancia y la adolescencia temprana. Se perdió la alegría infantil y también las travesuras algo más avanzadas del joven adolescente, y busca recuperar esas experiencias y cualidades personales perdidas.

Luego se produce un cambio peculiar en el sueño. Aparece el joven vestido de negro, y por un momento el soñador siente que este es el "verdadero héroe". Eso es todo lo que se nos dice sobre el hombre de negro; sin embargo, esta breve visión introduce un tema de profunda importancia, un tema que aparece con frecuencia en los sueños.

Se trata del concepto de "sombra", que desempeña un papel vital en la psicología analítica. Jung ha señalado que la sombra proyectada por la mente consciente del individuo contiene los aspectos ocultos, reprimidos y desfavorables (o perjudiciales) de la personalidad. Pero esta oscuridad no es simplemente el reverso del ego consciente. Al igual que el ego contiene actitudes desfavorables y destructivas, la sombra posee también cualidades positivas: instintos normales e impulsos creativos. De hecho, el ego y la sombra, aunque separados, están intrínsecamente conectados de la misma manera que el pensamiento y el sentimiento están relacionados entre sí.

Sin embargo, el ego está en conflicto con la sombra, en lo que Jung llamó una vez "la batalla por la liberación". En la lucha del individuo primitivo por alcanzar la consciencia, este conflicto se expresa a través del enfrentamiento entre el héroe arquetípico y los poderes cósmicos del mal, personificados por dragones y otros monstruos. En la consciencia en desarrollo del individuo, la figura del héroe es el medio simbólico mediante el cual el ego emergente supera la inercia de la mente inconsciente y libera al hombre maduro de un anhelo regresivo de retornar al estado dichoso de la infancia en un mundo dominado por su madre.

Generalmente, en la mitología, el héroe triunfa sobre el monstruo. (Pero hay otros mitos en los que el héroe sucumbe ante el monstruo. Un ejemplo familiar es el de Jonás y la ballena, en el que el héroe es tragado por un monstruo marino que lo lleva en un viaje nocturno por el mar de occidente a oriente, simbolizando así el presunto tránsito del sol desde el ocaso hasta el amanecer. El héroe se sumerge en la oscuridad, que representa una suerte de muerte. Jung encontró este tema en sueños presentados en su propia experiencia clínica).

Un montaje de la Primera Guerra Mundial: un cartel de reclutamiento, infantería, un cementerio militar. Los monumentos y servicios religiosos en memoria de los soldados que dieron la vida por su país suelen reflejar el tema cíclico de "muerte y renacimiento" del sacrificio heroico arquetípico. Una inscripción en un monumento británico a los caídos de la Primera Guerra Mundial dice: "Al ponerse el sol y por la mañana los recordaremos".

La lucha entre el héroe y el dragón es la forma más activa de este mito, y muestra de manera clara el tema arquetípico del triunfo del ego sobre las tendencias regresivas. Para la mayoría de las personas, el lado oscuro o negativo de la personalidad permanece en el inconsciente. Por otro lado, el héroe debe reconocer que la sombra existe y que puede extraer fuerza de ella. Debe aceptar sus aspectos destructivos si quiere ser lo suficientemente poderoso como para vencer al dragón. Es decir, antes de que el ego pueda triunfar, debe dominar y asimilar la sombra.

Este tema puede verse reflejado en un conocido personaje literario: Fausto, de Goethe. Al aceptar la apuesta de Mefistófeles, Fausto se somete al poder de una figura "sombra" que Goethe describe como "parte de ese poder que, deseando el mal, encuentra el bien". Como el hombre del sueño del que Jung ha estado hablando, Fausto no había vivido completamente una parte importante de su vida temprana. Era, en consecuencia, una persona irreal o incompleta que se perdía en una búsqueda infructuosa de metas metafísicas que no se materializaban. Seguía sin estar dispuesto a aceptar el desafío de la vida de experimentar tanto lo bueno como lo malo.

Este aspecto del inconsciente parece ser al que se refiere el joven de negro en el sueño del paciente de Jung. Este recordatorio del lado oscuro de su personalidad, de su potencial poderoso y de su papel en la preparación del héroe para las luchas de la vida, es una transición crucial de las partes anteriores del sueño al tema del héroe sacrificado: el atractivo joven que se coloca a sí mismo en un altar. Esta figura representa la forma de heroísmo que suele asociarse al proceso de construcción del ego al final de la adolescencia. El hombre expresa los principios ideales de su vida en este momento, sintiendo su poder tanto para transformarse a sí mismo como para cambiar sus relaciones con los demás. Está, por así decirlo, en la flor de la juventud, atractivo, lleno de energía e idealismo. ¿Por qué, entonces, se ofrece voluntariamente como sacrificio humano?

La razón, presumiblemente, es la misma que llevó a los Gemelos del mito winnebago a renunciar a su poder bajo pena de destrucción. El idealismo de la juventud, que impulsa a uno con tanta fuerza, está destinado a conducir a un exceso de confianza: el ego humano puede exaltarse hasta experimentar atributos divinos, pero solo a costa de extralimitarse y caer en el desastre. (Este es el significado de la historia de Ícaro, el joven que es llevado al cielo en sus frágiles alas, artificiosamente humanas, pero que vuela demasiado cerca del sol y se precipita a su perdición). De todos modos, el yo juvenil siempre debe correr este riesgo, pues si un joven no se esfuerza por alcanzar una meta más alta de la que puede alcanzar sin peligro, no podrá superar los obstáculos que se interponen entre la adolescencia y la madurez.

Hasta ahora, se ha estado hablando de las conclusiones que, a nivel de sus asociaciones personales, el paciente de Jung pudo extraer de su propio sueño. Sin embargo, existe un nivel arquetípico del sueño: el misterio del sacrificio humano ofrecido. Precisamente porque es un misterio, se expresa en un acto ritual que, en su simbolismo, lleva muy atrás en la historia del hombre. Aquí, cuando el hombre yace tendido sobre un altar, se aprecia una referencia a un acto aún más primitivo que los realizados sobre la piedra del altar del templo de Stonehenge. Allí, como en tantos altares primitivos, se puede imaginar un rito de solsticio anual combinado con la muerte y el renacimiento de un héroe mitológico.

El ritual tiene algo de dolor, pero también algo de alegría, un reconocimiento interior de que la muerte también conduce a una nueva vida. Ya sea expresado en la epopeya en prosa de los indios winnebago, en el lamento por la muerte de Balder en las sagas nórdicas, en los poemas de luto de Walt Whitman por Abraham Lincoln o en el ritual onírico por el cual un hombre regresa a sus esperanzas y temores de juventud, se trata del mismo tema: el drama del nuevo nacimiento a través de la muerte.

El final del sueño trae consigo un curioso epílogo en el que el soñador finalmente se ve envuelto en la acción del sueño. Él y los demás están en una plataforma de la que deben descender. No confía en la escalera debido a la posible interferencia de matones, pero una mujer le anima a creer que puede bajar sin peligro y esto se cumple. Dado que Jung descubrió por las asociaciones del paciente que toda la representación que presenció formaba parte de su análisis, un proceso de cambio interior que estaba experimentando, es de suponer que estaba pensando en la dificultad de volver de nuevo a la realidad cotidiana. Su miedo a los "duros", como él los llama, sugiere su temor a que el arquetipo del Arlequín aparezca de forma colectiva.

Los elementos salvadores del sueño son la escalera hecha por el hombre, que aquí es probablemente un símbolo de la mente racional, y la presencia de la mujer que anima al soñador a utilizarla. Su aparición en la secuencia final del sueño apunta a una necesidad psíquica de incluir un principio femenino como complemento a toda esta actividad excesivamente masculina.

Los héroes a menudo luchan contra dragones para rescatar a "damiselas en apuros" (que simbolizan el ánima). En la película de 1916 "El gran secreto", el dragón se ha convertido en una locomotora, pero el rescate heroico sigue siendo el mismo.

No debe deducirse de lo que se ha dicho, ni del hecho de que se haya elegido utilizar el mito de los winnebago para iluminar este sueño en particular, que haya que buscar paralelismos completos y totalmente mecánicos entre un sueño y los materiales que se pueden encontrar en la historia de la mitología. Cada sueño es individual para el soñador, y la forma precisa que adopta viene determinada por su propia situación. Lo que se ha intentado mostrar es el modo en que el inconsciente se nutre de este material arquetípico y modifica sus patrones según las necesidades del soñador. Así, en este sueño en particular, no hay que buscar una referencia directa a lo que los winnebago describen en los ciclos del Cuerno Rojo o del Gemelo; la referencia es más bien a la esencia de esos dos temas, al elemento sacrificial que hay en ellos.

Como regla general, puede decirse que la necesidad de símbolos de héroes surge cuando el ego necesita fortalecerse, es decir, cuando la mente consciente necesita ayuda en alguna tarea que no puede realizar sin ayuda o sin recurrir a las fuentes de fuerza que yacen en la mente inconsciente. En el sueño que se ha estado comentando, por ejemplo, no había ninguna referencia a uno de los aspectos más importantes del mito del héroe típico: su capacidad para salvar o proteger a mujeres hermosas de terribles peligros. (La damisela en apuros era uno de los mitos favoritos de la Europa medieval.) Esta es una de las formas en que los mitos o los sueños hacen referencia al "ánima", el elemento femenino de la psique masculina que Goethe denominó "el Eterno Femenino".

La naturaleza y la función de este aspecto femenino serán abordadas más adelante en este libro por M.-L. von Franz. Sin embargo, su relación con la figura del héroe puede ilustrarse aquí mediante un sueño experimentado por otro paciente de Jung, también un hombre maduro. Él empezó así:

"Regresaba de un largo viaje por la India. Una mujer nos había equipado a mí y a un amigo para el viaje, y al volver le reclamé que no nos había dado impermeables negros, argumentando que debido a esta omisión habíamos sido empapados por la lluvia."

Este sueño, como se descubrió más tarde, hacía referencia a un período de la juventud del hombre en el que solía aventurarse "heroicamente" por parajes montañosos peligrosos junto a un amigo de la universidad. (Dado que nunca había estado en la India, y considerando sus propias asociaciones con este sueño, Jung concluyó que el viaje onírico representaba su exploración de una nueva región, es decir, no un lugar real, sino el reino del inconsciente).

En su sueño, el paciente parece sentir que una mujer -probablemente una personificación de su ánima- no le había preparado adecuadamente para la expedición. La falta de un impermeable adecuado sugiere que se siente mentalmente desprotegido, lo que le hace sentir incómodo ante experiencias nuevas y no completamente agradables. Él cree que la mujer debería haberle proporcionado un impermeable, como su madre solía proveerle de ropa cuando era niño. Este episodio evoca sus primeras travesuras, cuando confiaba en que su madre (la imagen femenina original) lo protegería de todos los peligros. Con el tiempo, comprendió que era una ilusión infantil, y ahora culpa a su ánima, no a su madre, por su desventura.

En la siguiente etapa del sueño, el paciente menciona una excursión con un grupo de personas. Se cansa y regresa a un restaurante al aire libre, donde encuentra su impermeable y el sombrero de lluvia que antes había echado de menos. Se sienta a descansar y, mientras lo hace, nota un cartel que anuncia que un estudiante de instituto interpretará a Perseo en una obra de teatro. Entonces aparece el joven, que resulta ser un hombre corpulento. Está vestido de gris con un sombrero negro y charla con otro joven vestido de negro. Tras esta escena, el soñador siente un renovado vigor y se da cuenta de que puede reunirse con su grupo. Todos suben entonces a la siguiente colina, desde donde divisarán su destino: una hermosa ciudad portuaria. Se siente animado y rejuvenecido por este descubrimiento.

Aquí, en contraste con el viaje agitado, incómodo y solitario del primer episodio, el soñador está acompañado por un grupo. Este contraste marca un cambio de un patrón anterior de aislamiento y protesta juvenil a la influencia socializadora de una relación con los demás. Este cambio implica una nueva capacidad para relacionarse, sugiriendo que su ánima ahora está funcionando mejor que antes, como se simboliza en el descubrimiento del sombrero que antes le faltaba y que la figura del ánima no le había proporcionado.

Pero el soñador está cansado, y la escena en el restaurante refleja su necesidad de revisar sus actitudes pasadas bajo una nueva luz, con la esperanza de renovar su fuerza a través de esta retrospección. Y así es. Lo primero que ve es un cartel que sugiere la representación de un héroe juvenil: un estudiante de instituto interpretando a Perseo. Luego ve al joven, ahora un hombre, conversando con otro hombre que contrasta con él. Uno está vestido de gris claro y el otro de negro, y según lo mencionado anteriormente, pueden ser vistos como una versión de los Gemelos. Son figuras heroicas que representan los opuestos del ego y del alter ego, pero que aquí aparecen en una relación armoniosa y unificada.

Las asociaciones del paciente confirmaron esto y subrayaron que la figura vestida de gris representa una actitud mundana y bien adaptada a la vida, mientras que la figura vestida de negro representa la espiritualidad, como lo indica el hecho de que un clérigo suele vestir de negro. El hecho de que ambos lleven sombreros (y de que él haya encontrado el suyo) indica que han alcanzado una identidad relativamente madura, de la que él sentía una gran falta en sus primeros años de adolescencia, cuando aún persistía la cualidad de "embaucador" a pesar de su idealizada autoimagen de buscador de sabiduría.

Su asociación con el héroe griego Perseo fue curiosa y especialmente significativa, ya que reveló una inexactitud flagrante. Resulta que creía que Perseo era el héroe que mató al

Minotauro y rescató a Ariadna del laberinto cretense. Sin embargo, mientras escribía el nombre, descubrió su error: fue Teseo, no Perseo, quien mató al Minotauro, y este error adquirió sentido de repente, como suele ocurrir con estos deslices, al hacerle notar lo que estos dos héroes tenían en común. Ambos tuvieron que superar su miedo a los poderes maternos demoníacos inconscientes y liberar de estos poderes a una única figura femenina juvenil.

Perseo tuvo que decapitar a la gorgona Medusa, cuya horrenda mirada y serpenteante cabellera convertían en piedra a quien la contemplara. Más tarde, tuvo que vencer al dragón que custodiaba a Andrómeda. Teseo representaba el joven espíritu patriarcal de Atenas que tuvo que enfrentarse a los terrores del laberinto cretense con su monstruoso habitante, el Minotauro, que tal vez simbolizaba la malsana decadencia de la Creta matriarcal. (En todas las culturas, el laberinto representa una representación enredada y confusa del mundo de la consciencia matriarcal; solo pueden atravesarlo aquellos que están preparados para una iniciación especial en el misterioso mundo del inconsciente colectivo). Una vez superado este peligro, Teseo rescata a Ariadna, una doncella en apuros.

Este rescate simboliza la liberación de la figura del ánima del aspecto absorbente de la imagen materna. Hasta que esto no se logra, el hombre no puede alcanzar su primera y verdadera capacidad de relación con las mujeres. Se destacó la incapacidad de este hombre para separar adecuadamente el ánima de la madre en otro sueño, donde se enfrenta a un dragón, una representación simbólica del aspecto "devorador" de su apego a la madre. Este dragón lo persigue y, al no tener armas, él se ve en desventaja en la lucha.

Sin embargo, en el sueño aparece su esposa, y su presencia hace que el dragón se vuelva más pequeño y menos amenazador.

Este cambio en el sueño indica que en su matrimonio el soñador está superando tardíamente su apego a su madre. En otras palabras, tenía que encontrar una manera de liberar la energía psíquica vinculada a la relación madre-hijo para alcanzar una relación más adulta con las mujeres y, de hecho, con la sociedad adulta en su conjunto. La batalla entre el héroe y el dragón representa simbólicamente este proceso de "maduración".

Pero la tarea del héroe tiene un objetivo que va más allá del ajuste biológico y matrimonial. Se trata de liberar el ánima como ese componente interno de la psique necesario para cualquier verdadero logro creativo. En el caso de este hombre, se puede intuir la probabilidad de este resultado aunque no se afirme directamente en el sueño del viaje a la India. Sin embargo, Jung estaba seguro de que él confirmaría la hipótesis de que su viaje por la colina y la visión de su destino como una tranquila ciudad portuaria contenían la rica promesa de descubrir su auténtica función anímica. Así se curaría de su antiguo resentimiento por no haber recibido protección (el sombrero de lluvia) de la mujer para su viaje por la India. (En los sueños, las ciudades ubicadas en lugares significativos a menudo son símbolos del ánima).

El hombre había obtenido esta promesa de seguridad para sí mismo a través de su contacto con el auténtico arquetipo del héroe y había encontrado una nueva actitud cooperativa y afín al grupo. Su sensación de rejuvenecimiento siguió de forma natural. Había recurrido a la fuente interior de fuerza representada por el arquetipo del héroe; había aclarado y desarrollado la parte de sí mismo simbolizada por la mujer; y, mediante el acto heroico de su ego, se había liberado de su madre.

Estos y muchos otros ejemplos del mito del héroe en los sueños modernos muestran que el ego como héroe es siempre esencialmente un portador de cultura más que un exhibicionista puramente egocéntrico. Incluso el Arlequín, de manera torpe o sin propósito, contribuye al cosmos tal como lo ve el hombre primitivo. En la mitología navajo, Coyote lanzó las estrellas al cielo como un acto de creación, inventó la contingencia necesaria de la muerte y, en el mito de la emergencia, ayudó a guiar a la gente a través de la caña hueca por la que escapaban de un mundo a otro por encima de él, donde estaban a salvo de la amenaza de la inundación.

Aquí se aprecia una referencia a esa forma de evolución creativa que aparentemente comienza en un nivel de existencia infantil, preconsciente o animal. El ascenso del ego a la acción consciente efectiva se hace evidente en el verdadero héroe cultural. Del mismo modo, el yo infantil o adolescente se libera de la opresión de las expectativas parentales y se convierte en individuo. Como parte de este ascenso a la consciencia, la batalla entre el héroe y el dragón puede tener que librarse y volverse a librar para liberar energía para la multitud de tareas humanas que pueden formar un patrón cultural a partir del caos.

Cuando esto tiene éxito, surge la imagen completa del héroe como una especie de fuerza del ego (o, si se habla en términos colectivos, una identidad tribal) que ya no tiene necesidad de vencer a los monstruos y a los gigantes. Ha llegado al punto en que estas fuerzas profundas pueden personalizarse. El "elemento femenino" ya no aparece en sueños como un dragón, sino como una mujer; de la misma manera, el lado "sombra" de la personalidad adopta una forma menos amenazadora.

Este punto crucial se ilustra en el sueño de un hombre de unos 50 años que Jung atendió. A lo largo de su vida, había experimentado episodios recurrentes de ansiedad relacionados con el miedo al fracaso (originado inicialmente por una madre dudosa). Sin embargo, sus logros reales, tanto en su carrera como en sus relaciones personales, estaban muy por encima del promedio. En su sueño, su hijo de nueve años aparece como un joven de unos 18 o 19 años, vestido con la brillante armadura de un caballero medieval. El joven es llamado a luchar contra una hueste de hombres de negro, lo que él está dispuesto a hacer al principio. Sin embargo, repentinamente se quita el casco y sonríe al líder de la hueste amenazante; está claro que no se enzarzarán en la batalla, sino que se harán amigos.

El hijo en el sueño representa la juventud interior del hombre, que frecuentemente se había sentido amenazada por la sombra en forma de dudas sobre sí mismo. En cierto sentido, él había librado una exitosa cruzada contra este adversario durante toda su vida madura. Ahora, en parte debido al estímulo real de ver crecer a su hijo sin tales dudas, pero sobre todo por formarse una imagen adecuada del héroe en la forma más cercana a su propio patrón ambiental, descubre que ya no es necesario luchar contra la sombra; puede aceptarla. Eso es lo que simboliza el acto de amistad. Ya no se siente obligado a una lucha competitiva por la supremacía individual, sino que se asimila a la tarea cultural de formar una especie de comunidad democrática. Tal conclusión, alcanzada en la plenitud de la vida, va más allá de la tarea heroica y conduce a una actitud verdaderamente madura.

Este cambio, sin embargo, no se produce automáticamente. Requiere un periodo de transición, que se expresa en las diversas formas del arquetipo de la iniciación.

Ritos de Iniciación y Transición en el Desarrollo Humano

En la perspectiva psicológica, la imagen del héroe no debe considerarse idéntica al ego propiamente dicho. Resulta más adecuado describirla como el medio simbólico a través del cual el ego se independiza de los arquetipos evocados por las imágenes parentales durante la primera infancia. Según lo sugerido por el Dr. Jung, cada ser humano posee inicialmente un sentimiento de totalidad, una poderosa y completa sensación del Yo. A partir de este Yo -la totalidad de la psique- surge la conciencia individualizada del ego a medida que la persona se desarrolla.

Recientemente, los trabajos de algunos seguidores de Jung han comenzado a documentar la secuencia de eventos mediante los cuales el ego individual emerge durante la transición de la infancia a la niñez. Esta separación nunca puede ser definitiva sin ocasionar graves daños al sentido original de totalidad. Por lo tanto, el ego debe retornar continuamente para restablecer su relación con el Ser y así mantener una condición de salud psíquica.

Las investigaciones sugieren que el mito del héroe constituye la primera etapa en la diferenciación de la psique. Se ha propuesto que parece atravesar un ciclo cuádruple mediante el cual el Yo busca alcanzar su autonomía relativa respecto a la condición original de totalidad. A menos que se logre cierto grado de autonomía, el individuo es incapaz de relacionarse con su entorno adulto. Sin embargo, el mito del héroe no garantiza que esta liberación ocurra. Únicamente muestra cómo es posible que suceda, para que el ego pueda alcanzar la conciencia. Persiste el desafío de mantener y desarrollar esa conciencia de manera significativa, a fin de que la persona pueda vivir una vida útil y alcanzar el necesario sentido de autodistinción en la sociedad.

La historia antigua y los rituales de las sociedades primitivas contemporáneas han brindado abundante material sobre mitos y ritos de iniciación, mediante los cuales hombres y mujeres jóvenes son destetados de sus padres y forzados a convertirse en miembros de su clan o tribu. No obstante, al romper con el mundo de la infancia, el arquetipo original de los padres resulta herido, y el daño debe repararse a través de un proceso curativo de asimilación a la vida del grupo. (La identidad del grupo y del individuo suele estar simbolizada por un animal totémico). De este modo, el grupo satisface las demandas del arquetipo herido y se transforma en una especie de segundo padre al que primero se sacrifica simbólicamente a las crías, para luego resurgir a una nueva vida.

En esta "drástica ceremonia, que se asemeja mucho a un sacrificio a los poderes que podrían retener al joven", como ha señalado el Dr. Jung, se observa cómo el poder del arquetipo original nunca puede ser superado permanentemente, de la manera prevista por la batalla héroe-dragón, sin un paralizante sentimiento de alienación de los fructíferos poderes del inconsciente. En el mito de los Gemelos se evidenció cómo su hybris, que expresaba una separación excesiva entre el yo y el ego, fue corregida por su propio temor a las consecuencias, lo que les obligó a retornar a una relación armoniosa entre el yo y el ego.

En tiempos críticos como los actuales, el arquetipo de la iniciación adquiere gran relevancia, ofreciendo una transición significativa que satisface las necesidades espirituales de manera más profunda que los ritos adolescentes, los cuales suelen ser más terrenales en su naturaleza. Los patrones arquetípicos de la iniciación, también conocidos como "los misterios" desde la antigüedad, están entrelazados en la esencia de todos los rituales religiosos, especialmente aquellos relacionados con el nacimiento, el matrimonio y la muerte.

Así como en el estudio del mito del héroe, en el análisis de la iniciación es preciso buscar ejemplos en las experiencias subjetivas de las personas modernas, particularmente en aquellos que han atravesado procesos de análisis psicológico. No resulta sorprendente encontrar en el inconsciente de quienes buscan ayuda profesional para trastornos psíquicos imágenes que reflejan los principales patrones de la iniciación, tal como se conocen a través de la historia.

Uno de los temas más recurrentes en los jóvenes es el de la ordalía, o la prueba de fuerza. Esto se asemeja a lo observado en los sueños modernos que ilustran el mito del héroe, como el marinero que enfrenta las inclemencias del tiempo o la caminata del hombre bajo la lluvia en la India. Este tema del sufrimiento físico se manifiesta también en el primer sueño mencionado por Jung, donde un joven es sacrificado en un altar. Aunque este sacrificio se asemeja al acercamiento a la iniciación, su finalidad está velada, cerrando aparentemente el ciclo del héroe para dar paso a un nuevo tema.

Existe una distinción notable entre el mito del héroe y el rito de iniciación. Mientras que el héroe busca alcanzar el éxito en sus ambiciones y a menudo es castigado o incluso muerto tras lograrlo debido a su hybris, el novicio de la iniciación debe renunciar a la ambición y someterse a la ordalía sin esperar éxito. Debe estar dispuesto a enfrentar esta prueba sin esperanzas, e incluso preparado para la muerte, ya que el propósito es crear un estado simbólico de renacimiento a partir del estado de ánimo simbólico de la muerte.

Un ejemplo de esto se refleja en el caso relatado por Jung de un joven de 25 años que se encuentra en la cima de una montaña, donde hay un altar con un sarcófago y una estatua suya encima. Aunque inicialmente se siente muerto y privado de logros al enfrentar la prueba, al exponerse a los rayos cálidos del sol, experimenta una sensación de fuerza y rejuvenecimiento.

Este caso ilustra la distinción entre la iniciación y el mito del héroe. Escalar la montaña representa una prueba de fuerza, similar a la voluntad de alcanzar la conciencia del yo durante la fase heroica del desarrollo adolescente. Sin embargo, la escena junto al altar corrige esta percepción, mostrando que la tarea del joven es someterse a un poder superior, simbolizado por la sensación de muerte y renacimiento.

Es fundamental comprender que el rito de iniciación no solo concierne a los hombres, sino también a las mujeres. El rito de iniciación femenino resalta inicialmente su pasividad esencial, acentuada por la limitación fisiológica impuesta por el ciclo menstrual. Se sugiere que el ciclo menstrual puede ser la parte principal de la iniciación para las mujeres, despertando un profundo sentido de obediencia al poder creativo de la vida sobre ellas.

Tanto hombres como mujeres enfrentan pruebas iniciales que culminan en un sacrificio final para experimentar el renacimiento. Este sacrificio libera a la mujer de las ataduras de las relaciones personales, preparándola para un papel más consciente como individuo. Por otro lado, el sacrificio del hombre implica una renuncia a su independencia sagrada, conectándose más conscientemente con la mujer.

La iniciación también busca familiarizar al hombre con la mujer y viceversa, corrigiendo la oposición original entre ambos. Esta unión se representa como el ritual simbólico de un matrimonio sagrado, que ha sido fundamental en las religiones mistéricas desde la antigüedad. Sin embargo, este concepto es difícil de comprender para la gente moderna y a menudo requiere una crisis personal para ser comprendido plenamente.

Varios pacientes de Jung han compartido sueños donde el motivo del sacrificio se combina con el del matrimonio sagrado, como el caso de un joven que, temeroso de que el matrimonio limite su libertad, sueña con una danza ritual que representa un matrimonio sin restricciones excesivas. Este sueño sugiere que el matrimonio puede ser aceptable si permite el desarrollo individual de ambos miembros de la pareja.

En la danza ritual descrita, cada pareja de bailarines ocupaba una esquina de un campo de baile cuadrado, enfrentándose entre sí con espadas cortas en mano. Mientras ejecutaban movimientos complejos que sugerían alternancias entre agresión y sumisión, se percibía que la danza era también una especie de duelo. La escena culminaba con los bailarines clavándose las espadas en el pecho y muriendo. Sin embargo, el protagonista del sueño se negaba a participar en el suicidio colectivo, quedándose solo después de que los demás cayeran. Se sintió avergonzado por su supuesta cobardía al no unirse al sacrificio final.

Este sueño llevó al paciente de Jung a comprender que estaba listo para cambiar su actitud ante la vida. Había sido egocéntrico, buscando una seguridad ilusoria en la independencia personal, pero interiormente dominado por los temores relacionados con su relación infantil con su madre. Necesitaba un desafío a su virilidad para darse cuenta de que, a menos que sacrificara su mentalidad infantil, se quedaría aislado y avergonzado. El sueño y su posterior comprensión disiparon sus dudas. Había pasado por el rito simbólico en el que un joven renuncia a su autonomía exclusiva y acepta la vida compartida de manera no solo heroica, sino también afín.

Tras esto, se casó y encontró satisfacción en su relación con su esposa. Contrario a lo que temía, el matrimonio no disminuyó su eficacia en el mundo, sino que la potenció.

Aparte del miedo neurótico a la figura materna o paterna acechando tras el velo nupcial, incluso un joven sin trastornos tiene motivos para sentir aprensión ante el ritual del matrimonio. Es esencialmente un rito de iniciación para la mujer, en el cual el hombre no se siente precisamente como un héroe conquistador. No sorprende que en sociedades tribales existan rituales contrafóbicos como el rapto o la violación de la novia, permitiendo al hombre mantener algo de su papel heroico justo cuando debe someterse a su esposa y asumir las responsabilidades matrimoniales.

Sin embargo, el matrimonio es un tema tan universal que también posee un significado más profundo. Es un descubrimiento simbólico aceptable, e incluso necesario, del componente femenino de la psique masculina, tanto como lo es la adquisición de una esposa real. Por lo tanto, uno puede encontrarse con este arquetipo en un hombre de cualquier edad si se presenta un estímulo adecuado.

No obstante, no todas las mujeres reaccionan con confianza ante el estado matrimonial. Una paciente de Jung, cuyos deseos de una carrera satisfactoria se vieron truncados por un matrimonio difícil y breve, soñó que se resistía tensamente a que un hombre le pusiera un anillo en el dedo anular de la mano derecha. En realidad, el matrimonio le pedía compartir solo una parte subliminal y natural de sí misma, donde el principio de unión tendría un significado simbólico, no literal o absoluto. Su miedo reflejaba el temor de perder su identidad en un matrimonio fuertemente patriarcal, al cual tenía buenas razones para resistirse.

El matrimonio sagrado tiene un significado particularmente importante en la psicología femenina, preparándola a través de numerosos eventos preliminares de carácter iniciático durante su adolescencia.

En la sociedad moderna, las niñas también están expuestas a los mitos del héroe masculino, ya que necesitan desarrollar una identidad propia y recibir educación al igual que los niños. Sin embargo, hay una capa más antigua en la mente femenina que emerge en sus sentimientos, orientada a convertirlas en mujeres en lugar de imitaciones de hombres. Este contenido antiguo puede ser reprimido por la joven moderna, ya que desafía la igualdad emancipada y la oportunidad de competir con los hombres, privilegios que se han convertido en parte de su vida actual.

Esta represión puede tener éxito, llevando a la joven a identificarse con los objetivos intelectuales masculinos que ha aprendido en la escuela o la universidad. Incluso después del matrimonio, puede mantener cierta ilusión de libertad a pesar de su aparente sumisión al arquetipo del matrimonio y la maternidad. Sin embargo, este conflicto interno puede llevar a la mujer a redescubrir su feminidad de manera dolorosa, pero en última instancia gratificante.

Un ejemplo de esto se vio en una joven casada sin hijos, cuya vida sexual insatisfactoria preocupaba tanto a ella como a su esposo. A pesar de su éxito académico y su vida intelectual, experimentaba arrebatos de mal genio y agresividad que la dejaban insatisfecha consigo misma y alejaban a los hombres.

Un sueño revelador relatado por Jung mostró su disposición a abandonar su enfoque mental predominante y abrirse a nuevas experiencias. En el sueño, se encontraba en una fila de mujeres jóvenes que eran decapitadas una tras otra por una guillotina. Aunque esto parecía un castigo, ella permanecía en la fila sin temor, aparentemente dispuesta a someterse al mismo destino.

La interpretación de este sueño reveló que necesitaba abandonar su tendencia a "vivir en su cabeza" y permitir que su cuerpo se exprese libremente, descubriendo así su sexualidad y aceptando su papel biológico en la maternidad. Debía sacrificar su identidad centrada en el héroe masculino para abrazar su feminidad.

Esta mujer aceptó intelectualmente esta interpretación y se esforzó por transformarse en una mujer más sumisa. Como resultado, mejoró su vida amorosa y se convirtió en madre de dos hijos satisfactorios. A medida que se conocía mejor a sí misma, comprendía que para una mujer sentirse plena, la vida no se trata de conquistarla como un acto heroico, sino de despertar a ella de manera más suave y consciente.

Un mito universal que ilustra este despertar es el de La Bella y la Bestia. En esta historia, Bella representa a cualquier mujer que se encuentra en un vínculo emocional con su padre. Su bondad y sinceridad la llevan a sacrificar su libertad para salvar a su padre, lo que la lleva a un encuentro con la Bestia. A través de su relación con la Bestia, Bella descubre su propia feminidad y acepta su papel en la vida, lo que finalmente la lleva a su transformación y al encuentro con su verdadero ser, representado por el príncipe.

Al enamorarse de Bestia, ella despierta al poder del amor humano oculto en su forma animal, que aunque imperfecta, es genuinamente erótica. Este despertar simboliza aceptar su verdadera esencia, permitiéndole abrazar el aspecto erótico de su deseo original, el cual había sido reprimido por el temor al incesto. Para liberarse de su pasado, tuvo que confrontar ese miedo al incesto y permitirse fantasear con él hasta que finalmente pudo conocer al hombre detrás de la bestia y descubrir su propia respuesta como mujer.

Al hacerlo, se redime a sí misma y a su concepción de lo masculino, liberándose de las fuerzas represivas y reconociendo la capacidad de confiar en su amor, combinando espíritu y naturaleza en su máxima expresión.

Un sueño relatado por una de las pacientes de Jung reflejaba esta necesidad de superar el miedo al incesto, un miedo arraigado en los pensamientos de la paciente debido al apego excesivo de su padre hacia ella tras la muerte de su esposa. En el sueño, ella era perseguida por un toro furioso. Al principio intentaba huir, pero se daba cuenta de que era inútil. Finalmente, caía y el toro se acercaba. En un acto de valentía, ella decidía cantarle, y aunque su voz temblaba, el toro se calmaba y comenzaba a acariciarle la mano con la lengua. La interpretación reveló que ahora podía relacionarse con los hombres de manera más femenina y segura, no solo en el ámbito sexual, sino también de forma más amplia, en términos de su identidad consciente.

Sin embargo, en el caso de mujeres mayores, el símbolo de la Bestia puede no indicar la necesidad de resolver una fijación con el padre o liberar una inhibición sexual, como podría sugerir un enfoque psicoanalítico. En cambio, podría representar un tipo de iniciación femenina significativa, que puede surgir tanto al inicio de la menopausia como en la adolescencia, o en cualquier etapa de la vida cuando la unión entre el espíritu y la naturaleza se ve perturbada.

Una mujer en edad menopáusica compartió con Jung el siguiente sueño:

Se encontraba con varias mujeres desconocidas y juntas descendían unas escaleras en una casa desconocida. De repente, se enfrentaban a grotescas figuras de "hombres-simio" con rostros malévolos, vestidos con pieles y adornos oscuros, con colas, mostrando una apariencia horrible y lasciva. Aunque se sentían completamente a merced de estas criaturas, ella intuía que la única manera de salvarse no era huir o luchar, sino tratar a estos seres con humanidad, buscando su lado más bondadoso. Entonces, uno de los hombres-simio se le acercaba y ella lo recibía como a un compañero de baile, comenzando a bailar con él.

Más tarde, ella recibía poderes sobrenaturales de curación y tenía la oportunidad de salvar a un hombre al borde de la muerte. Utilizaba una especie de pluma o pico de pájaro para insuflarle aire por la nariz, permitiéndole respirar nuevamente.

Durante años de matrimonio y crianza de sus hijos, esta mujer había descuidado su don creativo como escritora. En el momento del sueño, estaba intentando reavivar su pasión por la escritura, al mismo tiempo que se culpaba implacablemente por no haber sido una mejor esposa, amiga y madre. El sueño ponía de manifiesto su lucha, mostrándole la situación de otras mujeres que podrían estar experimentando una transición similar, descendiendo a las profundidades de su ser desde un nivel de conciencia demasiado elevado. Esta "casa desconocida" podría representar el ingreso a algún aspecto del inconsciente colectivo, desafiándola a aceptar el principio masculino en su forma más primitiva y animal, ese mismo héroe y bufón que apareció al principio de los ciclos del héroe.

Para relacionarse con este hombre-simio y humanizarlo, sacando a relucir lo mejor de él, ella debía primero aceptar algún aspecto impredecible de su propia creatividad natural. Esto implicaba romper con los patrones convencionales de su vida y aprender a escribir de una manera nueva, más auténtica para ella en esta segunda etapa de su vida.

El impulso creativo representado en el sueño estaba relacionado con el principio masculino creativo, como se evidenciaba en la escena donde ella resucitaba al hombre soplándole aire en la nariz con el pico de un pájaro. Este acto simbolizaba más un renacimiento espiritual que un despertar erótico, siendo un simbolismo reconocido mundialmente: el acto ritual infundía un nuevo aliento de vida al logro creativo.

El sueño de otra mujer relatado por Jung resaltaba el aspecto "naturaleza" de La Bella y la Bestia:

Ella presenciaba cómo algo era arrojado por la ventana, parecía ser un gran insecto con patas en espiral, amarillo y negro. Luego, este objeto se transformaba en una criatura extraña, rayada de amarillo y negro, similar a un tigre con patas de oso, casi humanas, y una cara puntiaguda como la de un lobo. Esta criatura representaba una amenaza para los niños. Era un domingo por la tarde y veía a una niña vestida de blanco dirigiéndose a la escuela dominical. Sentía la necesidad de pedir ayuda a la policía.

Sin embargo, la criatura se transformaba en parte mujer y parte animal, mostrando una faceta más vulnerable y necesitada de afecto. Aunque ella inicialmente se resistía a abrazarla con ternura, sentía que debía acostumbrarse a su presencia y aprender a aceptarla, quizás algún día llegaría a quererla.

Aquí se presenta una situación distinta a la anterior. Esta mujer se había dejado llevar demasiado por su impulso creativo masculino interno, convirtiéndose en una preocupación compulsiva, principalmente mental. Esto le había impedido desempeñar de forma natural su papel femenino como esposa. Al respecto, expresó a Jung: "Cuando mi esposo llega a casa, mi lado creativo se oculta y me transformo en una ama de casa excesivamente organizada". Su sueño da un giro inesperado al transformar su espíritu desequilibrado en la mujer que debe aceptar y cultivar dentro de sí misma; así puede armonizar sus intereses creativos intelectuales con los instintos que le permiten relacionarse cálidamente con los demás.

Este proceso implica una nueva aceptación del principio dual de la vida en la naturaleza, que es tanto cruel como amable, o, en su caso, aventurero de manera despiadada pero al mismo tiempo humilde y creativamente doméstico. Estos opuestos solo pueden reconciliarse en un nivel de conciencia psicológica muy sofisticado y, por supuesto, serían inapropiados para una niña inocente vestida con su traje de la escuela dominical.

La interpretación del sueño de esta mujer podría sugerir que necesitaba superar una imagen excesivamente ingenua de sí misma. Debía estar dispuesta a abrazar toda la polaridad de sus sentimientos, al igual que la Bella tuvo que renunciar a la inocencia de confiar en un padre que no podía darle la rosa blanca y pura de sus sentimientos sin despertar la furia benéfica de la Bestia.

Entender la evolución psicológica del arquetipo del héroe nos proporciona un marco valioso para navegar nuestro propio viaje de crecimiento y transformación. En el siguiente capítulo, exploraremos cómo los ritos de iniciación y transición, tanto en culturas antiguas como en la experiencia contemporánea, reflejan y guían este proceso de desarrollo psicológico.

Orfeo y Cristo: Figuras Simbólicas de Redención

El cuento de hadas "La Bella y la Bestia" posee una cualidad de flor silvestre, apareciendo inesperadamente y provocando un asombro tan natural que inicialmente no se percibe su pertenencia a una clase, género y especie definidos. El misterio inherente a este tipo de historias tiene una aplicación universal no solo en el mito histórico más amplio, sino también en los rituales que expresan o derivan del mito.

Los rituales y mitos que expresan adecuadamente este tipo de experiencia psicológica se ejemplifican en las religiones grecorromanas de Dioniso y Orfeo. Ambas religiones proporcionaban una iniciación significativa conocida como "misterios", presentando símbolos asociados a un dios-hombre andrógino con un conocimiento íntimo del mundo animal o vegetal, maestro de la iniciación en sus secretos.

La religión dionisíaca incluía ritos orgiásticos que requerían que el iniciado se entregara a su naturaleza animal, experimentando así el poder fecundador de la Madre Tierra. El agente iniciador en el ritual dionisíaco era el vino, que producía una disminución simbólica de la conciencia necesaria para introducir al novicio en los secretos de la naturaleza, cuya esencia se expresaba mediante un símbolo de plenitud erótica: la unión de Dioniso con su consorte Ariadna en una ceremonia matrimonial sagrada.

Con el tiempo, los ritos de Dioniso perdieron su poder emotivo religioso. Surgió un anhelo de liberación de la preocupación exclusiva por los símbolos puramente naturales de la vida y el amor. La religión dionisíaca, oscilando entre lo espiritual y lo físico, quizás resultó demasiado salvaje y turbulenta para algunas almas ascéticas, que comenzaron a experimentar su éxtasis religioso interiormente en el culto a Orfeo.

Orfeo, probablemente un individuo real, cantante, profeta y maestro martirizado cuya tumba se convirtió en un santuario, fue visto por la Iglesia cristiana primitiva como el prototipo de Cristo. Ambas religiones trajeron al mundo helenístico tardío la promesa de una vida divina futura, representando para las multitudes de la moribunda cultura griega en tiempos del Imperio Romano la esperanza anhelada de una vida futura.

Sin embargo, había una diferencia importante entre la religión de Orfeo y la de Cristo. Aunque sublimados en forma mística, los misterios órficos mantenían viva la antigua religión dionisíaca, con el impulso espiritual proviniendo de un semidiós que conservaba la cualidad más significativa de una religión arraigada en la agricultura: el antiguo modelo de los dioses de la fertilidad que venían solo para la temporada, el ciclo eternamente recurrente de nacimiento, crecimiento, plenitud y decadencia.

El cristianismo, por otro lado, disolvió los misterios. Cristo, producto y reformador de una religión patriarcal nómada y pastoral, era presentado por sus profetas como un ser de origen absolutamente divino. El Hijo del Hombre, aunque nacido de una virgen humana, tenía su origen en el cielo, de donde vino en un acto de encarnación de Dios en el hombre. Tras su muerte, regresó al cielo, pero regresará una vez más para reinar a la derecha de Dios hasta la Segunda Venida, "cuando los muertos se levanten".

El ascetismo del cristianismo primitivo no perduró. El recuerdo de los misterios cíclicos persiguió a sus seguidores hasta el punto de que la Iglesia tuvo que incorporar muchas prácticas del pasado pagano a sus rituales. Una de las más significativas fue el servicio bautismal realizado el Sábado Santo y el Domingo de Pascua en celebración de la resurrección de Cristo, que la Iglesia medieval transformó en un rito de iniciación apropiado y profundamente significativo, aunque apenas ha sobrevivido en los tiempos modernos y está completamente ausente en el protestantismo.

En cambio, el ritual que ha sobrevivido de manera más sólida y aún encierra el significado de un misterio central de iniciación para los devotos es la práctica católica de la elevación del cáliz. Según describe el Dr. Jung en su obra "Simbolismo de Transformación en la Misa", la elevación del cáliz en el aire prepara la espiritualización del vino, confirmada por la invocación al Espíritu Santo que sigue inmediatamente, sirviendo para infundirlo con el espíritu santo, quien engendra, realiza y transforma. Después de la elevación, el cáliz era colocado a la derecha de la Hostia, correspondiendo con la sangre que fluía del costado derecho de Cristo.

El ritual de la comunión es el mismo en todas partes, ya sea bebiendo de la copa de Dioniso o del santo cáliz cristiano, aunque el nivel de conciencia que aporta al participante individual es diferente. El participante dionisíaco se remonta al origen de las cosas, al "nacimiento tempestuoso" del dios surgido del vientre resistente de la Madre Tierra. En los frescos de la Villa de los Misterios en Pompeya, el rito evoca al dios como una máscara de terror reflejada en la copa de Dioniso ofrecida por el sacerdote al iniciado. Más tarde, encontramos la cesta de aventar con sus preciosos frutos de la tierra y el falo como símbolos creativos de la manifestación del dios como principio de la crianza y el crecimiento.

En contraste, el misterio cristiano apunta hacia la esperanza última del iniciado de unirse a un dios trascendente. La Madre Naturaleza, con sus bellos cambios estacionales, ha quedado atrás, y la figura central del cristianismo ofrece certeza espiritual como Hijo de Dios en el cielo.

Sin embargo, ambos se funden de algún modo en la figura de Orfeo, el dios que recuerda a Dioniso pero espera a Cristo. El sentido psicológico de esta figura intermedia ha sido descrito por Linda Fierz-David en su interpretación del rito órfico representado en la Villa de los Misterios: Orfeo, cuyo canto era tan poderoso que dominaba toda la naturaleza, es la encarnación de la devoción y la piedad, simbolizando la actitud religiosa que resuelve todos los conflictos al volver el alma entera hacia lo que se encuentra al otro lado de ellos. Al hacer esto, es verdaderamente un buen pastor, su encarnación primitiva.

Orfeo, a la vez buen pastor y mediador, establece el equilibrio entre la religión dionisíaca y la cristiana, ya que tanto Dioniso como Cristo desempeñan papeles similares, aunque orientados de forma diferente en cuanto al tiempo y la dirección en el espacio: una religión cíclica del mundo inferior, la otra celestial y escatológica. Esta serie de acontecimientos iniciáticos se repite sin cesar y con prácticamente todos los giros individuales de significado concebibles en los sueños y fantasías de la gente moderna.

Carl Jung relató el caso de una mujer que, en un estado de gran fatiga y depresión, tuvo una fantasía en la que se encontraba sentada al lado de una mesa larga y estrecha en una habitación alta y abovedada sin ventanas. Su cuerpo estaba encorvado y encogido, cubierto solo por una larga tela de lino blanco que colgaba desde sus hombros hasta el suelo. Algo crucial le había ocurrido y no le quedaba mucha vida. Ante sus ojos aparecían cruces rojas sobre discos dorados. Recordaba haber asumido algún tipo de compromiso hace mucho tiempo y que dondequiera que se encontrara ahora debía formar parte de ello.

Luego, abrió lentamente los ojos y vio a un hombre sentado a su lado que iba a curarla. Parecía natural y amable, y le hablaba aunque ella no le oía. Él parecía saberlo todo sobre dónde había estado ella. La mujer era consciente de su fealdad y del olor a muerte que debía emanar, preguntándose si le repugnaría a él. Le miró durante mucho tiempo y él no se apartó, lo que la hizo respirar con más facilidad.

Entonces sintió que una brisa fresca o agua fresca se derramaba sobre su cuerpo. Se envolvió con el paño de lino blanco, preparándose para un sueño natural. Las manos sanadoras del hombre estaban sobre sus hombros, y ella recordó vagamente que hubo un tiempo en que tenía heridas allí, pero la presión de sus manos parecía darle fuerza y curarla.

Esta mujer se había sentido amenazada por las dudas sobre su afiliación religiosa original. Criada como una devota católica, desde su juventud había luchado por liberarse de las convenciones religiosas formales seguidas por su familia. Sin embargo, los acontecimientos simbólicos del año eclesiástico y la riqueza de su comprensión de su significado permanecieron con ella durante todo el proceso de su cambio psicológico, y Jung encontró muy útil este conocimiento práctico del simbolismo religioso en su análisis.

Los elementos significativos de su fantasía eran el paño blanco, que ella entendía como un paño de sacrificio; la habitación abovedada, que consideraba una tumba; y su compromiso, que asociaba con la experiencia de la sumisión.

Este compromiso sugería un ritual de iniciación con un peligroso descenso a la bóveda de la muerte, simbolizando la forma en que había abandonado la iglesia y la familia para experimentar a Dios a su manera. Se había sometido a una "imitación de Cristo" en el verdadero sentido simbólico, sufriendo las heridas que precedieron a su muerte.

Al final de la fantasía, emerge la figura sanadora de un hombre, vagamente conectado con Jung como su terapeuta, pero también presente como amigo, plenamente consciente de su experiencia. Aunque ella no puede captar sus palabras, sus manos la tranquilizan y le infunden una sensación de curación. Esta figura transmite la compasión y la palabra reconfortante del buen pastor, Orfeo o Cristo, actuando como mediador y sanador, representando la fuerza vital y tratando de convencerla de que ahora puede dejar atrás el abismo de la muerte.

¿Es este un renacimiento o una resurrección? Quizás ambas cosas, o ninguna. El ritual esencial se manifiesta al final: la brisa fresca o el agua que fluye sobre su cuerpo simbolizan el acto primordial de purificación o liberación del pecado y la muerte, la esencia del verdadero bautismo.

La misma mujer tuvo otra fantasía en la que sentía que su cumpleaños coincidía con el día de la resurrección de Cristo. Esto tenía un significado mucho mayor para ella que el recuerdo de su madre, quien nunca le brindó la sensación de seguridad y renovación que tanto anhelaba en sus cumpleaños de la infancia. Sin embargo, esto no significaba que se identificara con la figura de Cristo. A pesar de su poder y gloria, algo le faltaba; y cuando intentaba conectar con él a través de la oración, él y su cruz ascendían al cielo, fuera de su alcance humano.

En esta segunda fantasía, ella recurrió al símbolo del renacimiento representado por un sol naciente, y surgió un nuevo símbolo femenino. Al principio, se presentó como un "embrión en un saco acuoso", luego llevaba a un niño de ocho años a través del agua, "pasando un punto peligroso". Posteriormente, experimentó una sensación de seguridad y libertad, "en un bosque junto a una pequeña cascada de manantial... alrededor crecen enredaderas verdes. En mis manos tengo un cuenco de piedra con agua de manantial, un poco de musgo verde y violetas. Me baño bajo la cascada. El agua es dorada y 'sedosa', y me siento como un niño".

El significado de estos eventos es claro, a pesar de la descripción críptica de las múltiples imágenes cambiantes. Parece ser un proceso de renacimiento en el que un yo espiritual superior renace y es bautizado por la naturaleza como un niño. Al mismo tiempo, ha rescatado a un niño interior que representaba su yo en el periodo más traumático de su infancia, guiándolo a través del agua y superando así el temor paralizante a sentirse culpable si se alejaba demasiado de la religión convencional de su familia. Sin embargo, el simbolismo religioso convencional está ausente. Todo está en manos de la naturaleza; claramente se está en el reino del pastor Orfeo más que en el de Cristo resucitado.

Un sueño posterior la llevó a una iglesia similar a la de Asís, con los frescos de San Francisco de Giotto. Se sintió más cómoda aquí que en otras iglesias porque San Francisco, al igual que Orfeo, era un hombre religioso de la naturaleza. Esto avivó sus sentimientos sobre el cambio de afiliación religiosa que había sido tan doloroso, pero ahora creía que podía enfrentarlo con alegría, inspirada por la luz de la naturaleza.

La serie de sueños concluyó con un eco lejano de la religión de Dionisio. Soñó que llevaba de la mano a una niña rubia, participando alegremente en una fiesta que incluía el sol, los bosques y las flores de alrededor. La niña tenía una pequeña flor blanca en la mano y la colocaba sobre la cabeza de un toro negro, que formaba parte de la fiesta y estaba cubierto de adornos festivos. Esta referencia recuerda los antiguos ritos en honor a Dioniso, bajo la apariencia de un toro.

Pero el sueño no terminó ahí. La mujer agregó que, tiempo después, el toro era atravesado por una flecha de oro. Además de Dioniso, existe otro rito precristiano en el que el toro desempeña un papel simbólico: el dios solar persa Mitra sacrificando un toro. Él, al igual que Orfeo, representa el anhelo de una vida espiritual que puede triunfar sobre las primitivas pasiones animales del hombre y, tras una ceremonia de iniciación, otorgarle la paz.

Esta serie de imágenes confirma una sugerencia presente en muchas secuencias fantásticas u oníricas de este tipo: que no hay paz final ni punto de reposo. En su búsqueda religiosa, los hombres y las mujeres, especialmente aquellos que viven en las sociedades occidentales cristianizadas modernas, siguen bajo el dominio de aquellas tradiciones primitivas que luchan por la supremacía dentro de ellos. Es un conflicto entre creencias paganas y cristianas, o podría decirse, entre renacimiento y resurrección.

Una clave más directa para resolver este dilema se encuentra en la primera fantasía de esta mujer, en un simbolismo peculiar que fácilmente podría pasarse por alto. Durante su experiencia cercana a la muerte, vio ante sus ojos una visión de cruces rojas sobre discos de oro. Como se reveló más tarde en su análisis, estaba a punto de experimentar un profundo cambio psíquico y de renacer de esta "muerte" hacia una nueva forma de vida. Podría inferirse, entonces, que esta imagen, que le llegó en lo más profundo de su desesperación vital, anticipaba de alguna manera su futura actitud religiosa. De hecho, en sus trabajos posteriores proporcionó evidencia que sugiere que las cruces rojas representaban su devoción a la actitud cristiana, mientras que los discos dorados simbolizaban su conexión con las religiones mistéricas precristianas. Su visión le había indicado que debía reconciliar estos elementos cristianos y paganos en la nueva vida que le esperaba.

Una última pero crucial observación se relaciona con los antiguos ritos y su vínculo con el cristianismo. El rito de iniciación practicado en los misterios eleusinos, dedicados a las diosas de la fertilidad Deméter y Perséfone, no se limitaba únicamente a aquellos que buscaban vivir una vida más plena; también se utilizaba como preparación para la muerte, sugiriendo así que este último también requería un rito iniciático similar.

En una urna funeraria descubierta en una tumba romana cerca del Columbario en la colina del Esquilino, se encuentra un bajorrelieve que representa escenas de la etapa final de la iniciación, cuando el iniciado es admitido a la presencia y conversación de las diosas. El resto del diseño se dedica a dos ceremonias preliminares de purificación: el sacrificio del "cerdo místico" y una versión mística del matrimonio sagrado. Todo esto apunta a una iniciación hacia la muerte, pero de una manera que carece del pesar por la pérdida. Sugiere un aspecto de los misterios posteriores, especialmente del orfismo, que implica que la muerte conlleva una promesa de inmortalidad. El cristianismo llevó esta idea aún más lejos al ofrecer algo más que la mera inmortalidad (que en el contexto antiguo de los misterios cíclicos podría interpretarse como la reencarnación), prometiendo a los fieles una vida eterna en el cielo.

Así se observa una vez más, en la vida moderna, la tendencia a repetir antiguos patrones. Aquellos que enfrentan la muerte quizás necesiten volver a aprender el antiguo mensaje que enseña que la muerte es un misterio para el cual se debe preparar con el mismo espíritu de sumisión y humildad con el que una vez se aprendió a prepararse para la vida.

Con el conocimiento de la evolución psicológica del arquetipo del héroe, es momento de sumergirnos en el papel de los ritos de iniciación y transición en el desarrollo humano. Estos ritos, presentes en diversas culturas a lo largo de la historia, sirven como marcadores y guías en el viaje de la individuación, ayudándonos a navegar las etapas clave de transformación psicológica.

Símbolos de Liberación y Trascendencia Psicológica

Después de explorar las figuras redentoras de Orfeo y Cristo, nos adentraremos en otros símbolos que emergen en el proceso de individuación, señalando el camino hacia la liberación y trascendencia psicológica. Estos símbolos, a menudo encontrados en sueños, mitos y visiones, nos invitan a ir más allá de nuestras limitaciones percibidas y abrazar un sentido más amplio del ser.

Los símbolos que influyen en muchas personas varían en su propósito. Algunos individuos requieren ser estimulados y experimentan su iniciación en la violencia de un "rito del trueno" dionisíaco. Otros necesitan ser sometidos y son conducidos a la sumisión en el diseño ordenado del recinto del templo o la caverna sagrada, evocando así la religión apolínea de la Grecia posterior. Una iniciación completa abarca ambos aspectos, como se puede observar al examinar el material extraído de textos antiguos o de sujetos vivos. Sin embargo, es bastante cierto que el propósito fundamental de la iniciación radica en domesticar el carácter salvaje original de la naturaleza juvenil. Por lo tanto, posee un propósito civilizador o espiritualizador, a pesar de la violencia de los ritos necesarios para iniciar este proceso.

No obstante, existe otro tipo de simbolismo, que pertenece a las primeras tradiciones sagradas conocidas, y que también se relaciona con los períodos de transición en la vida de un individuo. Pero estos símbolos no buscan integrar al iniciado en ninguna doctrina religiosa o conciencia grupal secular. Por el contrario, señalan la necesidad del ser humano de liberarse de cualquier estado del ser que sea demasiado inmaduro, rígido o definido. En otras palabras, se refieren a la liberación del individuo -o a la trascendencia- de cualquier modelo restrictivo de existencia, a medida que avanza hacia una etapa superior o más madura en su desarrollo.

Un infante, como se ha mencionado anteriormente, posee una sensación de plenitud, pero solo antes de que aparezca inicialmente su conciencia del yo. En el caso de un adulto, la sensación de plenitud se alcanza a través de la unión de la conciencia con los contenidos inconscientes de la mente. De esta unión surge lo que Carl Jung denominó "la función trascendente de la psique", mediante la cual el individuo puede alcanzar su meta más elevada: la plena realización del potencial de su yo individual.

Por consiguiente, lo que se denomina "símbolos de trascendencia" son los símbolos que representan el esfuerzo del ser humano por alcanzar esta meta. Proporcionan los medios a través de los cuales los contenidos del inconsciente pueden ingresar en la mente consciente, y también son en sí mismos una expresión activa de esos contenidos.

La forma de estos símbolos es diversa. Ya sea que se encuentren en la mitología o en los sueños de hombres y mujeres contemporáneos que enfrentan una etapa crítica de sus vidas, se puede apreciar su importancia. En el nivel más arcaico de este simbolismo, se encuentra una vez más el tema del Arlequín. Pero en esta ocasión, ya no aparece como un aspirante a héroe sin ley.

Se ha transformado en el chamán -el sanador- cuyas prácticas mágicas y vuelos de intuición lo elevan como un maestro primitivo de la iniciación. Su poder reside en su presunta capacidad para abandonar su cuerpo y volar por el universo como un ave.

En este caso, el ave es el símbolo más adecuado de la trascendencia. Representa la naturaleza peculiar de la intuición trabajando a través de un "mediador", es decir, un individuo capaz de obtener conocimiento de eventos distantes -o hechos de los que no tiene conocimiento consciente- al entrar en un estado de trance.

Ya en el paleolítico de la prehistoria se pueden hallar evidencias de tales poderes, como ha señalado el erudito estadounidense Joseph Campbell al comentar una de las famosas pinturas rupestres descubiertas recientemente en Francia. En Lascaux, escribe, "se representa a un chamán, tendido en trance, con una máscara de ave y la figura de un ave posada en un bastón a su lado. Los chamanes de Siberia siguen vistiendo estos trajes de ave, y se cree que muchos de ellos fueron concebidos por sus madres a partir de la descendencia de un ave.... El chamán, por tanto, no es solo un habitante familiar, sino incluso el vástago favorecido de esos reinos de poder que son invisibles a nuestra conciencia normal de vigilia, que todos pueden visitar brevemente en visión, pero por los que él vaga, un maestro".

En el nivel más elevado de esta actividad iniciática, lejos de los artificios con los que la magia a menudo sustituye a la verdadera visión espiritual, se encuentran los maestros yoguis hindúes. En sus estados de trance, van mucho más allá de las categorías normales del pensamiento.

Uno de los símbolos oníricos más comunes de esta liberación a través de la trascendencia es el tema del viaje solitario o la peregrinación, que parece ser una búsqueda espiritual en la que el iniciado se familiariza con la naturaleza de la muerte. Sin embargo, no se trata de la muerte como juicio final u otra prueba de fuerza; es un viaje de liberación, renuncia y expiación, guiado y fomentado por algún espíritu compasivo. Este espíritu suele estar personificado más por una "maestra" que por un "maestro" de la iniciación, una figura femenina suprema (el ánima), como Kwan-Yin en el budismo chino, Sofía en la doctrina gnóstica cristiana o la antigua diosa griega de la sabiduría, Palas Atenea.

En los mitos o sueños, un viaje solitario a menudo simboliza la liberación de la trascendencia. El viaje es representado como un movimiento circular hacia un centro interior. Muchos pueden anhelar algún cambio de un modelo de vida contenido; sin embargo, la libertad que se obtiene viajando no sustituye a una verdadera liberación interior.

No solo el vuelo de las aves o el viaje al desierto representan este simbolismo, sino cualquier movimiento fuerte que ejemplifique la liberación. En la primera parte de la vida, cuando uno aún está vinculado a la familia y al grupo social de origen, este puede ser el momento de la iniciación, cuando uno debe aprender a dar pasos decisivos hacia la vida en solitario. Es el momento descrito por T. S. Eliot en "La tierra baldía", cuando uno se enfrenta a "La terrible audacia de un momento de entrega, que una edad de prudencia nunca podrá retractar".

En una etapa posterior de la vida, uno puede no necesitar romper todos los lazos con los símbolos de la contención significativa. Sin embargo, uno puede estar imbuido de un espíritu de divino descontento que impulsa a todos los hombres libres a enfrentarse a algún nuevo descubrimiento o a vivir sus vidas de una nueva manera. Este cambio puede ser especialmente importante en el período entre la mediana edad y la vejez, cuando muchas personas se preguntan qué hacer en su jubilación: si trabajar o jugar, si quedarse en casa o viajar.

Si sus vidas han sido aventureras, inseguras o llenas de cambios, pueden anhelar una vida asentada y los consuelos de la certeza religiosa. Pero si han vivido principalmente dentro del modelo social en el que nacieron, pueden necesitar desesperadamente un cambio liberador. Esta necesidad puede satisfacerse temporalmente con un viaje alrededor del mundo o simplemente con una mudanza a una casa más pequeña. Pero ninguno de estos cambios externos servirá a menos que haya habido una trascendencia interior de los viejos valores al crear, no solo inventar, un nuevo modelo de vida.

Un ejemplo de este último tipo es el sueño que Carl Jung relata sobre una mujer que había vivido en un estilo de vida arraigado, culturalmente nutritivo y seguro. Ella encontró unas extrañas piezas de madera, no talladas, pero con bellas formas naturales. Alguien dijo: "Las trajo el hombre de Neandertal". Luego siguió adelante, como si estuviera viajando sola, y se asomó a un enorme abismo parecido a un volcán extinguido. En parte había agua y allí esperaba ver más hombres de Neandertal. Pero en su lugar vio cerdos de agua negros que habían salido del agua y corrían dentro y fuera de las rocas volcánicas negras. Este sueño la llevó de sus vínculos familiares y su estilo de vida altamente cultivado a un período prehistórico más primitivo, conectándola con los lejanos orígenes de la vida humana.

Se sabe por numerosos ejemplos que un árbol o una planta antiguos simbolizan el crecimiento y desarrollo de la vida psíquica, a diferencia de la vida instintiva, típicamente representada por los animales. Por ende, en este fragmento de madera, esta mujer adquirió un símbolo de su conexión con las capas más profundas del inconsciente colectivo.

Posteriormente, ella habla sobre continuar su viaje en solitario. Este tema, como se mencionó anteriormente, simboliza la necesidad de liberación como una experiencia iniciática. Así que aquí se encuentra otro símbolo de trascendencia.

Luego, en su sueño, ella observa un enorme cráter de un volcán extinguido, que ha sido el conducto de una erupción violenta de fuego proveniente de las capas más profundas de la tierra. Se puede inferir que esto se refiere a un recuerdo significativo, vinculado a una experiencia traumática. Ella lo relacionó con una vivencia personal al inicio de su vida, cuando experimentó la fuerza destructiva, aunque creativa, de sus pasiones al punto de temer perder la cordura. Al final de su adolescencia, sintió un impulso inesperado de romper con el modelo social excesivamente convencional de su familia. Logró esta ruptura sin mayores problemas y logró reconciliarse con su familia. Sin embargo, aún persistía en ella un profundo deseo de diferenciarse aún más de su entorno familiar y liberarse de su propio modelo de existencia.

Este sueño evoca otro similar que Jung relata. Era de un joven con un problema completamente distinto, pero que parecía necesitar una percepción similar. Él también ansiaba diferenciarse. Soñó con un volcán, y desde su cráter observaba a dos pájaros que alzaban vuelo como si temieran que el volcán estuviera a punto de entrar en erupción. Esto ocurría en un lugar extraño y solitario, con una masa de agua entre él y el volcán. En este caso, el sueño representaba un viaje iniciático individual.

Esto se asemeja a los relatos documentados entre las tribus simples dedicadas a la recolección de alimentos, los grupos familiares menos conscientes que se conocen. En estas sociedades, el joven iniciado debe emprender un viaje solitario a un lugar sagrado (en las culturas indígenas de la costa del Pacífico Norte, podría tratarse de un lago en un cráter) donde, en un estado visionario o de trance, se encuentra con su "espíritu guardián" en forma de animal, ave u objeto natural. Se identifica estrechamente con esta "alma del arbusto" y así se convierte en un hombre. Sin esta experiencia, es considerado, como dijo un curandero achumaui, "un indio ordinario, nadie".

El sueño del joven ocurrió al inicio de su vida y apuntaba a su futura independencia e identidad como hombre. La mujer que Jung ha descrito se acercaba al final de su vida, y experimentó un viaje similar y parecía necesitar adquirir una independencia similar. Podría vivir el resto de sus días en armonía con una ley humana eterna que, por su antigüedad, trascendía los símbolos conocidos de la cultura.

Pero tal independencia no culmina en un estado de desapego yogui que significaría una renuncia al mundo con todas sus impurezas. En el paisaje de su sueño, por lo demás muerto y devastado, la mujer observó signos de vida animal. Se trataba de "cerdos de agua", una especie desconocida para ella. Por ende, podrían tener el significado de un tipo especial de animal, capaz de vivir en dos medios, en el agua o en la tierra.

Esta es la cualidad universal del animal como símbolo de trascendencia. Estas criaturas, figurativamente provenientes de las profundidades de la antigua Madre Tierra, son habitantes simbólicos del inconsciente colectivo. Traen al campo de la consciencia un mensaje ctónico especial (del inframundo) que es algo diferente de las aspiraciones espirituales simbolizadas por los pájaros en el sueño del joven.

Otros símbolos trascendentes de las profundidades son los roedores, los lagartos, las serpientes y, en ocasiones, los peces. Son criaturas intermedias que combinan la actividad subacuática y el vuelo de las aves con una vida terrestre intermedia. El pato salvaje o el cisne son ejemplos de ello. Quizás el símbolo onírico más común de la trascendencia sea la serpiente, representada por el símbolo terapéutico del dios romano de la medicina Esculapio, que ha perdurado hasta tiempos modernos como signo de la profesión médica. Originalmente, se trataba de una serpiente arbórea no venenosa; tal como se observa, enroscada alrededor del bastón del dios de la curación, parece encarnar una especie de mediación entre la tierra y el cielo.

Un símbolo aún más importante y extendido de la trascendencia ctónica es el motivo de las dos serpientes entrelazadas. Se trata de las famosas serpientes Naga de la antigua India, y también se encuentran en Grecia como serpientes entrelazadas en el extremo del bastón del dios Hermes. Un antiguo emblema griego es un pilar de piedra con un busto del dios encima. A un lado están las serpientes entrelazadas y al otro un falo erecto. Dado que las serpientes están representadas en el acto de la unión sexual y el falo erecto es inequívocamente sexual, se pueden deducir ciertas conclusiones sobre la función del herm como símbolo de la fertilidad.

Sin embargo, sería erróneo pensar que esto se refiere únicamente a la fertilidad biológica. Hermes es el Arlequín en un papel diferente como mensajero, dios de las encrucijadas y, finalmente, conductor de las almas hacia y desde el inframundo. Por tanto, su falo penetra desde el mundo conocido al desconocido, buscando un mensaje espiritual de liberación y curación.

Originalmente, en Egipto, Hermes era conocido como el dios Thoth, con cabeza de ibis, siendo concebido como la forma aviar del principio trascendente. Más tarde, durante el periodo olímpico de la mitología griega, Hermes incorporó atributos aviares a su naturaleza ctónica de serpiente. Su bastón adquirió alas sobre las serpientes, convirtiéndose en el caduceo o bastón alado de Mercurio, y el propio dios adoptó la figura del "hombre volador" con su sombrero alado y sus sandalias. Aquí se manifiesta su pleno poder de trascendencia, donde la conciencia serpentina inferior del inframundo, atravesando la realidad terrenal, alcanza finalmente la trascendencia hacia una realidad sobrehumana o transpersonal en su vuelo alado.

Este símbolo compuesto se encuentra en otras representaciones como el caballo alado o el dragón alado, y en otras criaturas abundantes en las expresiones artísticas de la alquimia, tan bien ilustradas en la obra clásica de Jung sobre este tema. Se siguen las innumerables vicisitudes de estos símbolos en el trabajo con los pacientes. Estos símbolos muestran lo que la terapia puede lograr cuando libera los contenidos psíquicos más profundos para que puedan formar parte del equipo consciente, permitiendo comprender la vida de manera más efectiva.

Para el hombre moderno, comprender el significado de los símbolos provenientes del pasado o que aparecen en los sueños no es tarea sencilla. Tampoco lo es ver cómo el antiguo conflicto entre símbolos de contención y liberación se relaciona con la situación actual. Sin embargo, se vuelve más comprensible cuando se toma conciencia de que solo cambian las formas específicas de estos patrones arcaicos, no su significado psíquico.

Se ha hablado de las aves salvajes como símbolos de liberación, pero hoy también se podría hablar de aviones a reacción y cohetes espaciales, ya que encarnan el mismo principio trascendente que libera, al menos temporalmente, de la gravedad. Del mismo modo, los antiguos símbolos de contención, que antes brindaban estabilidad y protección, ahora se reflejan en la búsqueda del hombre moderno de seguridad económica y bienestar social.

Todos pueden percibir el conflicto en sus vidas entre la aventura y la disciplina, el mal y la virtud, o la libertad y la seguridad. Sin embargo, estas son solo etiquetas que describen una ambivalencia que intriga y para la cual parece que nunca se encuentra una respuesta.

Sin embargo, hay una respuesta. Existe un punto de encuentro entre la contención y la liberación, y se puede hallar en los ritos de iniciación de los que se ha estado hablando. Estos ritos pueden permitir que los individuos, o grupos enteros de personas, reconcilien las fuerzas opuestas dentro de sí mismos y logren un equilibrio en sus vidas.

Pero los ritos no garantizan esta oportunidad de manera automática o invariable. Se refieren a fases particulares de la vida de un individuo o de un grupo, y a menos que se comprendan adecuadamente y se traduzcan en una nueva forma de vida, el momento puede pasar desapercibido. La iniciación es, esencialmente, un proceso que comienza con un rito de sumisión, seguido de un período de contención y, finalmente, de otro rito de liberación. De esta manera, cada individuo puede reconciliar los elementos conflictivos de su personalidad y alcanzar un equilibrio que lo haga verdaderamente humano y dueño de sí mismo.

La Individuación: El Camino hacia la Totalidad Psíquica

El concepto del inconsciente, sus estructuras personales y colectivas, así como su forma simbólica de expresión, han sido presentados previamente en la teoría de Carl Jung. Una vez comprendido el impacto crucial, ya sea curativo o destructivo, de los símbolos generados por el inconsciente, surge el desafiante problema de la interpretación. Jung señaló que la clave radica en determinar si una interpretación específica "encaja" y tiene significado para el individuo en cuestión. De esta manera, indicó el posible significado y función del simbolismo presente en los sueños.

No obstante, en el desarrollo de la teoría junguiana, esta posibilidad plantea otra interrogante: ¿Cuál es el propósito de la totalidad de la vida onírica de un individuo? ¿Qué papel desempeñan los sueños no solo en la economía psíquica inmediata, sino en el panorama general de la existencia?

Tras observar a un gran número de personas y estudiar sus sueños (se estima que interpretó al menos 80.000), Jung descubrió que todos los sueños son relevantes en diversos grados para la vida del soñador y forman parte de una amplia red de factores psicológicos. Además, en conjunto, parecen seguir un patrón o disposición que denominó "el proceso de individuación". A simple vista, los sueños pueden parecer escenas e imágenes diferentes cada noche, y aquellos que no sean observadores minuciosos probablemente no percibirán ningún patrón. Sin embargo, al examinar los propios sueños a lo largo de los años y estudiar la secuencia completa, se notará que ciertos contenidos aparecen, desaparecen y reaparecen. Incluso es común que muchas personas sueñen repetidamente con las mismas figuras, paisajes o situaciones; y si se les sigue a lo largo de una serie completa, se observará que cambian de manera gradual pero perceptible. Estos cambios pueden acelerarse si la actitud consciente del soñador se ve influenciada por una adecuada interpretación de los sueños y sus contenidos simbólicos.

Los sueños tejen un diseño sinuoso en el que se hacen visibles hilos o tendencias individuales que luego se desvanecen y reaparecen. Al observar este diseño a lo largo de un extenso período, se puede percibir una especie de tendencia reguladora o directriz oculta en funcionamiento, la cual da lugar a un proceso lento e imperceptible de crecimiento psicológico: el proceso de individuación.

Gradualmente, emerge una personalidad más completa y madura, que poco a poco se vuelve efectiva e incluso visible para los demás. El hecho de que a menudo se hable de "desarrollo detenido" sugiere que se asume que dicho proceso de crecimiento y maduración es posible en cada individuo. Dado que este crecimiento psicológico no puede lograrse mediante un esfuerzo consciente de la voluntad, sino que ocurre de manera involuntaria y natural, con frecuencia se simboliza en los sueños mediante el árbol, cuyo crecimiento lento, poderoso e involuntario sigue un patrón definido.

El centro organizador del que surge el efecto regulador parece ser una especie de "núcleo atómico" en el sistema psíquico. También podría describirse como el inventor, organizador y fuente de las imágenes oníricas. Jung llamó a este centro el "Yo" y lo definió como la totalidad de toda la psique, para diferenciarlo del "ego", que constituye solo una pequeña parte de la psique total.

A lo largo de la historia, los seres humanos han sido intuitivamente conscientes de la existencia de dicho centro interior. Los griegos lo llamaban el daimon interior del hombre; en Egipto se expresaba mediante el concepto del Ba-alma; y los romanos lo veneraban como el "genio" nativo de cada individuo. En las sociedades más primitivas, a menudo se consideraba un espíritu protector encarnado en un animal o un fetiche.

Un ejemplo excepcional de esta conciencia del centro interior se encuentra en los indios Naskapi, que habitan en los bosques de la península del Labrador. Estos cazadores sencillos viven en grupos familiares aislados, tan distantes unos de otros que no han podido desarrollar costumbres tribales ni creencias y ceremonias religiosas colectivas. En su soledad de toda la vida, el cazador Naskapi debe confiar en sus propias voces interiores y revelaciones inconscientes, sin líderes religiosos que les dicten lo que deben creer, ni rituales, festivales o costumbres que les ayuden. En su visión básica de la vida, el alma del hombre es simplemente un "compañero interior", al que llaman "mi amigo" o Mista'peo, que significa "Gran Hombre". Mista'peo reside en el corazón y es inmortal; en el momento de la muerte, o poco antes, abandona al individuo y luego se reencarna en otro ser.

Aquellos Naskapi que prestan atención a sus sueños y buscan comprender su significado y probar su autenticidad pueden entrar en una conexión más profunda con el Gran Hombre. Él favorece a esas personas y les envía sueños más profundos y significativos. Por lo tanto, la principal obligación de un Naskapi es seguir las instrucciones que le ofrecen sus sueños y plasmar permanentemente su contenido en el arte. La mentira y la deshonestidad alejan al Gran Hombre de su reino interior, mientras que la generosidad y el amor hacia los demás y hacia los animales lo atraen y le dan vida. Los sueños brindan al Naskapi la capacidad completa de encontrar su camino en la vida, no solo en el mundo interior, sino también en el mundo exterior de la naturaleza. Le ayudan a predecir el clima y le ofrecen una guía invaluable en su caza, de la cual depende su supervivencia. Jung mencionaba a estos pueblos primitivos porque no están influenciados por las nociones civilizadas y mantienen una percepción natural de la esencia de lo que él denominaba el Yo.

El "Yo" puede entenderse como una fuerza interna de orientación, distinta de la personalidad consciente y perceptible solo a través del estudio de los sueños personales. Estos revelan que es el centro regulador que impulsa un constante crecimiento y desarrollo de la personalidad. Sin embargo, este aspecto más amplio y casi total de la psique se manifiesta inicialmente como una simple potencialidad innata. Puede emerger de manera sutil o puede desarrollarse completamente a lo largo de la vida. El nivel de desarrollo depende de si el ego está receptivo a escuchar las señales del Ser. Así como los Naskapi observaron que aquellos abiertos a las influencias del Gran Hombre experimentan sueños más significativos y útiles, se podría añadir que el Gran Hombre innato se manifiesta con mayor intensidad en quienes están receptivos, en contraposición a quienes lo ignoran. Estas personas también tienden a alcanzar una mayor plenitud como seres humanos.

Parece que el propósito del ego no es seguir ilimitadamente sus propios impulsos arbitrarios, sino contribuir a la realización de la totalidad de la psique. Es el ego el que ilumina todo el sistema, permitiendo que se vuelva consciente y, por ende, se actualice. Por ejemplo, si una persona posee un talento artístico del cual su ego no es consciente, este talento no se manifiesta. Solo cuando el ego se da cuenta, puede materializarlo. La totalidad inherente pero oculta de la psique no es equivalente a una totalidad plenamente realizada y vivida.

Podría imaginarse así: la semilla de un pino contiene latente la totalidad del árbol futuro; sin embargo, cada semilla cae en un momento y lugar específicos, con circunstancias particulares, como la calidad del suelo, la inclinación del terreno y su exposición a la luz solar y al viento. La totalidad latente reacciona a estas circunstancias, dando forma al crecimiento del árbol. De esta manera, un pino individual emerge gradualmente, representando la realización de su totalidad en el reino de la realidad. Sin el árbol vivo, la imagen del pino es solo una posibilidad o una idea abstracta. Una vez más, la realización de esta singularidad en el individuo humano es el objetivo del proceso de individuación.

Desde una perspectiva, este proceso tiene lugar en el individuo (así como en cualquier otro ser vivo) por sí mismo y en el inconsciente; es un proceso a través del cual el individuo vive su naturaleza humana innata. Sin embargo, el proceso de individuación solo se vuelve real si el individuo es consciente de él y establece deliberadamente una conexión viva con él. No se sabe si el pino es consciente de su propio crecimiento, si experimenta y sufre las diversas vicisitudes que lo conforman. Pero el ser humano puede participar conscientemente en su propio desarrollo e incluso siente que, tomando decisiones libres ocasionalmente, puede colaborar activamente en él. Esta colaboración es parte integral del proceso de individuación en el sentido más estricto del término.

No obstante, el ser humano experimenta algo que no se refleja en la metáfora del pino. El proceso de individuación va más allá de ser simplemente una convergencia entre el potencial innato de totalidad y los acontecimientos externos del destino. La experiencia subjetiva transmite la sensación de que alguna fuerza suprapersonal está interviniendo activamente de manera creativa. A veces, se tiene la impresión de que el inconsciente está trazando el camino de acuerdo con un plan secreto. Es como si algo estuviera observando al individuo, algo que no puede ver pero que lo ve a él; quizás ese Gran Hombre en su interior, que le comunica sus opiniones sobre él a través de los sueños.

Pero este aspecto creativamente activo del núcleo psíquico solo puede entrar en juego cuando el ego se libera de todos los propósitos y deseos, y se entrega plenamente a ese impulso interno hacia el crecimiento. El ego debe ser capaz de escuchar atentamente y entregarse sin más, permitiendo que este impulso interior lo guíe. Muchos filósofos existencialistas intentan describir este estado, pero solo logran despojarse de las ilusiones de la conciencia: llegan hasta la puerta del inconsciente pero no pueden abrirla.

Las personas que viven en culturas más arraigadas que la occidental tienen menos dificultades para comprender la necesidad de abandonar la actitud utilitaria de la planificación consciente y permitir así el crecimiento interior de la personalidad. Jung conoció a una anciana que no había logrado mucho en términos de logros externos, pero había alcanzado una buena relación con un esposo difícil y, de alguna manera, había desarrollado una personalidad madura. Cuando lamentaba no haber "logrado" nada en su vida, Jung le contó una historia narrada por el sabio chino Chuang-Tzu. Ella la entendió de inmediato y sintió un gran alivio. Esta es la historia:

Un carpintero itinerante, llamado Stone, vio en sus viajes un viejo roble gigantesco que se erguía en un campo cerca de un altar de tierra. El carpintero, admirando el roble, le dijo a su aprendiz: "Este árbol es inútil. Si intentaras hacer un barco con él, pronto se pudriría; si intentaras hacer herramientas, se romperían. No se puede hacer nada útil con este árbol, y por eso se ha vuelto tan viejo".

Pero esa misma noche, en una posada, el viejo roble se le apareció en sueños al carpintero y le dijo: "¿Por qué me comparas con tus árboles cultivados como el espino blanco, el peral, el naranjo, el manzano y todos los demás que dan fruto? Incluso antes de que maduren sus frutos, la gente los ataca y los viola. Sus ramas se rompen, sus ramitas se desgarran. Sus propios dones les causan daño, y no pueden vivir su duración natural. Eso es lo que ocurre en todas partes, y por eso hace tiempo que intento volverme completamente inútil. Pobre mortal. Imagínate si hubiera sido útil de alguna manera, ¿habría alcanzado este tamaño? Además, tanto tú como yo somos criaturas, y ¿cómo puede una criatura ponerse tan alto como para juzgar a otra? Hombre mortal inútil, ¿qué sabes tú de árboles inútiles?".

El carpintero despertó y reflexionó sobre su sueño. Cuando su aprendiz le preguntó por qué solo ese árbol estaba destinado a proteger el altar de tierra, el maestro le respondió con brusquedad: "¡Cállate! No hablemos más de eso". Explicó que el árbol había crecido allí a propósito porque en cualquier otro lugar habría sido maltratado. Si no fuera por el altar, habrían talado el árbol.

Era evidente que el carpintero había comprendido el significado de su sueño. Reconoció que cumplir con el propio destino es el mayor logro humano y que las ideas utilitarias deben ceder ante las demandas del inconsciente. Traduciendo esta metáfora al lenguaje psicológico, el árbol simboliza el proceso de individuación, enseñando una lección al ego limitado.

Bajo el árbol que cumplió su destino, había un altar de tierra, como se describe en la historia de Chuang-Tzu. Este altar rudimentario era donde la gente realizaba sus sacrificios al dios local que "poseía" ese trozo de tierra. El símbolo del altar de tierra señala que para realizar el proceso de individuación, uno debe entregarse conscientemente al poder del inconsciente, en lugar de pensar en lo que se debería hacer o en lo que es convencional. Simplemente se debe escuchar para comprender lo que la totalidad interior, el Ser, quiere que se haga en una situación específica.

La actitud debe ser como la del pino de montaña mencionado anteriormente: no se enoja cuando un obstáculo bloquea su crecimiento ni hace planes para superarlo. Simplemente siente hacia dónde debe crecer. De la misma manera, se debe ceder a este impulso casi imperceptible pero poderoso, que proviene del deseo de autorrealización única y creativa. Este proceso implica buscar y encontrar repetidamente algo desconocido para los demás. Las señales que guían no vienen del ego, sino de la totalidad de la psique: el Ser.

Además, es inútil compararse con los demás, ya que cada persona tiene una tarea única de autorrealización. Aunque muchos problemas humanos son similares, cada individuo es único. Debido a esta combinación de similitud y diferencia, es difícil resumir las infinitas variaciones del proceso de individuación. Cada persona debe hacer algo diferente, algo que le sea propio.

Jung fue criticado por no presentar el material psíquico de manera sistemática, pero esto se debe a que dicho material es una experiencia viva, irracional y siempre cambiante, que no se presta fácilmente a la sistematización. La psicología profunda enfrenta desafíos similares a los de la microfísica cuando intenta describir eventos psíquicos únicos. Sin embargo, se intentará esbozar algunos de los rasgos más típicos del proceso de individuación.

La Confrontación con el Inconsciente en el Proceso de Individuación

Durante la juventud, las personas atraviesan un proceso gradual de descubrimiento mientras adquieren conciencia del mundo y de sí mismas. La infancia se caracteriza por una intensa actividad emocional, y los primeros sueños suelen revelar la estructura fundamental de la psique, anticipando el destino del individuo. Carl Jung relató el caso de una joven que se quitó la vida a los 26 años, cuyo sueño infantil presagiaba su trágico final.

En ocasiones, en lugar de un sueño, un acontecimiento memorable puede predecir simbólicamente el futuro. Los niños frecuentemente recuerdan vívidamente incidentes que los adultos ignoran, y estos recuerdos revelan cuestiones fundamentales de su psique.

Cuando los niños ingresan a la escuela, se inicia la etapa de construcción del yo y de adaptación al mundo externo. Este período puede resultar doloroso, y algunos niños se perciben diferentes a los demás, experimentando una sensación de singularidad que a menudo conlleva cierta tristeza. Los problemas del mundo y el mal, tanto interno como externo, se vuelven conscientes, y deben afrontar impulsos internos y exigencias externas.

Si el desarrollo de la conciencia se ve perturbado, los niños pueden replegarse y refugiarse en un "núcleo" psíquico interno, como se evidencia en sus sueños y dibujos. Este núcleo constituye el centro vital de la personalidad, a partir del cual se desarrolla la conciencia del ego.

En esta fase inicial, muchos niños buscan un sentido para la vida que les permita lidiar con el caos interno y externo. Sin embargo, existen otros que aún son guiados inconscientemente por los patrones arquetípicos heredados e instintivos. Estos jóvenes no se preocupan demasiado por el significado profundo de la existencia, ya que encuentran un sentido inmediato y satisfactorio en sus vivencias con el amor, la naturaleza, el deporte y el trabajo. No son necesariamente más superficiales; simplemente navegan por la corriente de la vida con menor fricción y perturbación que sus pares más reflexivos. Es como si, al viajar en automóvil o en tren sin mirar hacia afuera, solo las paradas, arranques y giros bruscos nos hicieran conscientes de que estamos en movimiento.

El auténtico proceso de individuación, que implica la reconciliación consciente con nuestro propio centro interior o Ser, generalmente se inicia con una herida en la personalidad y el sufrimiento que la acompaña. Este impacto inicial puede equipararse a una especie de "llamado", aunque frecuentemente no se reconoce como tal. En su lugar, el ego tiende a sentirse obstaculizado en su voluntad o deseo, y suele proyectar la culpa de la obstrucción hacia algo externo, ya sea Dios, la situación económica, el jefe o la pareja.

En ocasiones, todo parece estar bien en la superficie, pero en lo más profundo la persona padece un aburrimiento mortal que hace que todo parezca carente de sentido y vacío. Numerosos mitos y cuentos de hadas simbolizan esta fase inicial del proceso de individuación con historias de reyes enfermos o envejecidos, parejas reales estériles, monstruos que roban riquezas y personas, o fuerzas oscuras que perturban el equilibrio natural. Así, el encuentro inicial con el Ser proyecta una sombra oscura por adelantado, como si el "amigo interior" viniera al principio como un cazador para atrapar al ego indefenso.

En estos momentos de crisis, se busca algo que parece imposible de encontrar o del cual no se sabe nada. En estas circunstancias, los consejos bien intencionados y sensatos resultan completamente inútiles. Lo único que parece funcionar es enfrentarse directamente a la oscuridad que se aproxima sin prejuicios y con total ingenuidad, tratando de descubrir cuál es su objetivo secreto y qué quiere de nosotros.

Por lo general, el propósito oculto de esta oscuridad es algo tan inusual, único e inesperado que solo puede descubrirse a través de sueños y fantasías provenientes del inconsciente. Si uno se enfoca en el inconsciente sin suposiciones apresuradas ni rechazo emocional, a menudo será guiado por un flujo de imágenes simbólicas útiles. Sin embargo, a veces este proceso comienza con la confrontación de verdades dolorosas sobre uno mismo y sus actitudes conscientes.

La realización de la sombra, como la denominó Jung, implica reconocer y aceptar aspectos de la propia personalidad que se han preferido ignorar. La sombra representa cualidades e impulsos desconocidos o poco conocidos de uno mismo, así como factores colectivos que pueden provenir de fuentes externas a la vida personal. Al intentar enfrentar la sombra, uno se da cuenta y a menudo se avergüenza de aquellas cualidades e impulsos que niega en sí mismo pero que fácilmente reconoce en otras personas. Este proceso confronta a la persona con sus propios pequeños pecados y la invita a aceptarlos como parte de su totalidad.

Cuando un amigo señala una falta y se siente una rabia intensa, es probable que se esté enfrentando una parte de la sombra, esa parte de uno mismo que no se reconoce conscientemente. Es normal sentir enfado cuando otros, que no son perfectos, critican los defectos que se preferirían ignorar. Pero, ¿qué ocurre cuando los propios sueños, la propia conciencia interna, reprochan a la persona? En ese momento, el ego queda atrapado en un silencio avergonzado. Comienza entonces el arduo trabajo de la autoeducación, equiparable, podría decirse, a las legendarias tareas de Hércules. Su primer desafío, como se recordará, fue limpiar los Establos de Augías en un solo día, un trabajo monumental que desanimaría a cualquier mortal solo con pensarlo.

La sombra no solo se manifiesta en omisiones; a menudo se revela en acciones impulsivas o inadvertidas. Antes de que uno tenga tiempo de reflexionar, surge el comentario hiriente, se fragua el plan maquiavélico, se toma la decisión equivocada, y la persona se enfrenta a consecuencias no deseadas, fruto de una parte de sí misma que no reconoce plenamente. Además, la sombra está más expuesta a influencias colectivas que la personalidad consciente. Cuando uno está solo, puede sentirse relativamente bien; pero al verse confrontado con las acciones oscuras y primitivas de los demás, surge el temor a ser considerado ingenuo si no se une a ellos, llevándolo a sucumbir a impulsos que en realidad no le pertenecen. Es especialmente en las interacciones con personas del mismo sexo donde uno confronta tanto su propia sombra como la de los demás. Aunque la sombra también se manifiesta en individuos del sexo opuesto, suele incomodar menos y se es más propenso a perdonarla.

En los sueños y mitos, la sombra aparece como una figura del mismo sexo que el soñador. Un ejemplo es el siguiente sueño de un hombre de 48 años, quien vivía una vida centrada en el trabajo y la disciplina, reprimiendo su lado más espontáneo y placentero más de lo debido.

En el sueño, el hombre explora su propia casa y descubre habitaciones desconocidas en el sótano, algunas sin cerradura. Se siente incómodo al ver que algunas puertas están abiertas y que hay obreros trabajando en el vecindario, lo que sugiere una invasión de su espacio personal. Al salir al patio trasero, se encuentra con un antiguo compañero de la escuela primaria que personifica una parte olvidada de su propia personalidad, representada por la capacidad de disfrutar de la vida y su lado extravertido. Esta figura del pasado regresa para recordarle al soñador una cualidad perdida y descuidada.

Pero pronto se descubre por qué el soñador se siente "inquieto" justo antes de encontrarse con este viejo amigo aparentemente inofensivo. Mientras pasea con él por la calle, los caballos se escapan. El soñador sospecha que podrían haberse liberado del servicio militar, es decir, de la disciplina consciente que hasta ahora ha definido su vida. La ausencia de jinetes en los caballos demuestra que los impulsos instintivos pueden escapar al control consciente. Tanto este antiguo amigo como los caballos representan una fuerza positiva que antes estaba ausente en la vida del soñador y que ahora necesita desesperadamente.

Este es un dilema común cuando uno se enfrenta a su "otro lado". La sombra a menudo contiene valores necesarios para la conciencia, pero en una forma que dificulta su integración en la vida personal. Los pasadizos y la casa en el sueño muestran que el soñador aún no ha explorado completamente sus propias dimensiones psíquicas y no puede llenarlas por completo.

La sombra en este sueño es típica de un introvertido (un individuo que tiende a retirarse demasiado de la vida exterior). En contraste, en un extravertido, cuya atención se enfoca más en el mundo exterior, la sombra se manifestaría de manera diferente.

Un hombre con un temperamento vivaz se embarcaba en proyectos exitosos una y otra vez, mientras sus sueños insistían en que completara un proyecto creativo privado. Uno de estos sueños fue el siguiente:

En el sueño, un hombre francés, un forajido, está dispuesto a realizar cualquier tarea criminal. Un funcionario lo acompaña escaleras abajo, revelando un complot para asesinar al soñador. En un momento tenso, el soñador logra matar al funcionario, salvando así su vida. La figura del forajido representa la introversión del soñador, que ha llegado a un estado de completa indigencia. La enfermedad repentina del hombre corpulento está relacionada con el desgaste que el soñador ha experimentado al exponerse demasiado a la vida exterior. El éxito superficial del hombre corpulento sugiere que las actividades externas del soñador carecen de autenticidad y pasión genuina. Al final del sueño, el forajido está satisfecho, lo que indica una integración momentánea de la sombra con la conciencia del soñador.

Este sueño ilustra cómo la sombra puede incluir elementos como la ambición inconsciente (el hombre corpulento de éxito) y la introversión (el forajido francés). Además, el soñador asocia a los franceses con la habilidad en el amor, sugiriendo que estas figuras también representan impulsos sexuales. La capacidad del soñador para detener la peligrosa fuerza interior del sueño indica un paso hacia la integración de su sombra.

Es evidente que el problema de la sombra desempeña un papel importante en los conflictos políticos. Si el soñador no hubiera sido consciente de su sombra, habría proyectado fácilmente sus propios aspectos beligerantes en otros, como los "comunistas peligrosos" o los "capitalistas codiciosos". La proyección oscurece la percepción de los demás y dificulta las relaciones humanas genuinas. En lugar de enfrentar los defectos tal como los revela la sombra, se proyectan en otros, como los enemigos políticos.

Proyectar la sombra conlleva una desventaja adicional. Cuando se asocia la sombra con grupos como los comunistas o los capitalistas, parte de la propia personalidad queda representada en el bando contrario. Como consecuencia, de manera constante (aunque involuntaria), se llevan a cabo acciones que benefician a este otro grupo, contribuyendo sin querer al fortalecimiento del adversario. Sin embargo, si se reconoce esta proyección y se abordan los asuntos sin temor ni hostilidad, tratando a la otra persona con sensatez, existe la posibilidad de alcanzar un entendimiento mutuo o, al menos, una tregua.

La relación que se establece con la sombra puede variar dependiendo de uno mismo. Como ilustran los sueños de la casa inexplorada y del forajido francés, la sombra no siempre actúa como un adversario. De hecho, es similar a cualquier ser humano con el que se debe interactuar, a veces cediendo, otras resistiendo, y en ocasiones mostrando afecto, según lo requiera la situación. La sombra se vuelve hostil solo cuando se la ignora o se la interpreta incorrectamente.

En algunas ocasiones, aunque no son frecuentes, una persona puede sentirse inclinada a vivir el lado más oscuro de su naturaleza y suprimir su lado más luminoso. En estos casos, la sombra puede aparecer en los sueños como una figura positiva. Sin embargo, para alguien que vive sus emociones y sentimientos de manera natural, la sombra puede presentarse como un intelectual frío y negativo, personificando juicios venenosos y pensamientos oscuros que han sido reprimidos. En resumen, la función de la sombra es representar el lado opuesto del ego y encarnar aquellas cualidades que uno más detesta en los demás.

Sería fácil integrar la sombra en la personalidad consciente simplemente siendo honesto y utilizando el discernimiento. Sin embargo, este intento no siempre tiene éxito, ya que la pasión en la parte sombría puede ser tan intensa que la razón no puede prevalecer sobre ella. A veces, una experiencia amarga externa puede ayudar a detener estos impulsos sombríos, como si un ladrillo cayera sobre la cabeza. En otras ocasiones, una decisión heroica puede ser necesaria para ponerles fin, aunque esto solo sea posible con la ayuda del Gran Hombre interior (el Yo).

El hecho de que la sombra contenga el poder abrumador del impulso irresistible no significa necesariamente que siempre deba ser reprimida heroicamente. A veces, la sombra es poderosa porque el impulso del Yo apunta en la misma dirección, creando una confusión sobre si es el Yo o la sombra quien está detrás de la presión interna. En el inconsciente, uno se encuentra en una situación similar a un paisaje iluminado por la luna, donde todos los contenidos son borrosos y se mezclan, y nunca se está seguro de qué o dónde está algo, o dónde empieza y termina una cosa (esto se conoce como "contaminación" de los contenidos inconscientes).

Cuando Jung se refirió a la sombra como un aspecto de la personalidad inconsciente, estaba hablando de un factor relativamente bien definido. Sin embargo, a veces todo lo desconocido para el ego se mezcla con la sombra, incluyendo incluso las fuerzas más valiosas y elevadas. En estos casos, la personalidad consciente debe tomar la decisión si el sueño no aclara las cosas.

Si la figura de la sombra contiene fuerzas valiosas y vitales, estas deben ser asimiladas en la experiencia real en lugar de ser reprimidas. Depende del ego renunciar a su orgullo y mojigatería para vivir algo que parece oscuro pero que en realidad puede no serlo. Esto puede requerir un sacrificio tan heroico como la conquista de la pasión, pero en un sentido opuesto.

Las dificultades éticas que surgen al encontrarse con la sombra están bien descritas en el Libro XVIII del Corán, donde Moisés se encuentra con Khidr ("el Verde" o "el primer ángel de Dios") en el desierto. Vagan juntos y Khidr expresa su temor de que Moisés no sea capaz de presenciar sus acciones sin indignarse. Si Moisés no puede soportarle y confiar en él, Khidr tendrá que marcharse.

En una de las acciones, Khidr destroza la barca de pesca de unos aldeanos pobres. Luego, ante los ojos de Moisés, mata a un joven apuesto y, por último, restaura la muralla caída de una ciudad de infieles. Moisés, indignado, expresa su desaprobación, y Khidr debe dejarlo. Antes de partir, explica las razones de sus actos: al hundir la barca, en realidad la salvó de ser robada por piratas, permitiendo que los pescadores la recuperaran. Al matar al joven, evitó que cometiera un crimen, salvando así el honor de sus piadosos padres. Al restaurar la muralla, salvó a dos jóvenes piadosos de la ruina al descubrirse su tesoro enterrado bajo ella. Moisés, que se había indignado moralmente, comprende tarde que su juicio fue precipitado. Las acciones de Khidr, aunque parecían malvadas, en realidad tenían un propósito justificado.

Esta historia del Corán no representa a Khidr como la sombra malvada y caprichosa de Moisés, sino más bien como la personificación de ciertas acciones creativas secretas de la Divinidad. No es casualidad que se haya elegido esta historia en lugar de un sueño individual, ya que resume una experiencia de vida que rara vez se expresa con tanta claridad en un sueño.

Cuando figuras oscuras aparecen en los sueños y parecen buscar algo, no se puede estar seguro de si simplemente representan una parte sombría de uno mismo, el Ser, o ambas cosas a la vez. Adivinar de antemano si la contraparte oscura simboliza un defecto que se debe superar o una faceta importante de la vida que se debe aceptar es uno de los problemas más difíciles en el camino hacia la individuación. Además, los símbolos oníricos suelen ser tan sutiles y complicados que su interpretación no es definitiva. En tales situaciones, lo mejor que se puede hacer es aceptar la incomodidad de la duda ética, sin tomar decisiones ni compromisos definitivos, y continuar observando los sueños. Esto es similar a la situación de Cenicienta cuando su madrastra le arrojó un montón de guisantes buenos y malos y le pidió que los clasificara. Aunque parecía inútil, Cenicienta comenzó pacientemente a clasificar los guisantes y, de repente, unas palomas (u hormigas, en algunas versiones) vinieron en su ayuda. Estas criaturas simbolizan impulsos útiles, profundamente inconscientes, que solo pueden sentirse en el propio cuerpo y que señalan una salida.

En lo más profundo del ser, a menudo se sabe adónde se debe ir y qué se debe hacer. Sin embargo, a veces el "yo" que se muestra al mundo se comporta de tal manera que la voz interior no puede hacerse oír.

En ocasiones, todos los intentos de comprender las insinuaciones del inconsciente fracasan, y en tal dificultad, solo se puede tener el coraje de hacer lo que parece correcto, estando al mismo tiempo dispuesto a cambiar de rumbo si las sugerencias del inconsciente llevan en otra dirección. También puede suceder (aunque esto es poco común) que una persona encuentre que es mejor resistir el impulso del inconsciente, incluso si eso significa sentirse deformado al hacerlo, en lugar de alejarse demasiado de su humanidad. Esta sería la situación de las personas que sienten que deben vivir con una disposición criminal para ser completamente ellas mismas.

La fuerza y claridad interior que necesita el "yo" para tomar tal decisión provienen secretamente del Gran Hombre, que aparentemente no desea revelarse con demasiada claridad. Puede ser que el Ser desee que el ego elija libremente, o puede ser que el Ser dependa de la conciencia humana y sus decisiones para ayudar a manifestarse. En problemas éticos tan difíciles, nadie puede juzgar verdaderamente los actos de los demás. Cada individuo debe mirar su propio problema y tratar de determinar lo que es correcto para sí mismo. Como dice un viejo maestro budista zen, se debe seguir el ejemplo del pastor que vigila a su buey con un palo para que no pastee en prados ajenos.

Estos nuevos descubrimientos de la psicología profunda están destinados a transformar los puntos de vista éticos colectivos, ya que obligarán a juzgar todas las acciones humanas de una manera mucho más individual y sutil. El descubrimiento del inconsciente es uno de los más trascendentales de los últimos tiempos. Sin embargo, el reconocimiento de su realidad implica un autoexamen honesto y una reorganización de la propia vida, lo que hace que muchas personas prefieran comportarse como si no hubiera pasado nada. Se requiere mucho valor para tomar en serio el inconsciente y abordar los problemas que plantea. La mayoría de las personas son demasiado indolentes para pensar profundamente incluso en los aspectos morales de su comportamiento de los que son conscientes; sin duda, son demasiado perezosas para considerar cómo les afecta el inconsciente.

Comprender el ánima y su papel en la psique masculina es esencial para facilitar el proceso de individuación en los hombres. Al reconocer y trabajar con esta poderosa figura arquetípica, los hombres pueden acceder a una mayor plenitud emocional, creatividad y autocomprensión. En el siguiente capítulo, exploraremos la contraparte del ánima en la psique femenina: el *ánimus*.

El Ánima: La Personificación Femenina del Inconsciente en el Hombre

De acuerdo, a continuación encontrará el texto reescrito siguiendo las reglas proporcionadas:

Los problemas éticos complejos y delicados no siempre emergen exclusivamente de la sombra personal. Con frecuencia, surge otra "figura interna". Si quien sueña es un hombre, se encontrará con una personificación femenina de su inconsciente, mientras que en el caso de una mujer, será una figura masculina. Esta segunda figura simbólica, que a menudo aparece detrás de la sombra, plantea nuevos y diferentes desafíos. Carl Jung denominó a estas figuras masculinas y femeninas "animus" y "ánima" respectivamente.

El ánima personifica todas las tendencias psicológicas femeninas en la psique de un hombre, como los sentimientos y estados de ánimo vagos, las intuiciones proféticas, la receptividad a lo irracional, la capacidad para el amor personal, el sentimiento por la naturaleza y, no menos importante, la relación con el inconsciente. No es casualidad que en la antigüedad las sacerdotisas (como la Sibila griega) sirvieran para interpretar la voluntad divina y establecer conexión con los dioses.

Los chamanes de las tribus árticas y esquimales ejemplifican cómo se vivencia el ánima como una figura interna en la psique masculina. Algunos de ellos incluso visten ropas femeninas o representan pechos en sus atuendos para manifestar su lado femenino interior, el lado que les permite conectar con el "mundo de los espíritus" (lo que se denomina el inconsciente).

Jung relató el caso de un joven que estaba siendo iniciado por un chamán anciano y que fue enterrado por él en un pozo de nieve. Entró en un estado de ensoñación y agotamiento. En ese estado de coma, vio repentinamente a una mujer que emitía luz. Ella le instruyó en todo lo que necesitaba saber y posteriormente, como su espíritu protector, le ayudó a ejercer su desafiante profesión conectándolo con los poderes del más allá. Esta experiencia muestra al ánima como la personificación del inconsciente del hombre.

La expresión individual del ánima de un hombre suele estar influenciada por su madre. Si siente que su madre ejerció una influencia negativa sobre él, su ánima se manifestará con frecuencia en estados de ánimo irritables y depresivos, incertidumbre, inseguridad y susceptibilidad. Sin embargo, si logra superar las agresiones negativas contra sí mismo, estas pueden servir para fortalecer su masculinidad. Dentro del alma de un hombre así, la figura negativa de la madre-ánima repetirá constantemente este tema: "No soy nada. Nada tiene sentido. Con otros es diferente, pero para mí... no disfruto de nada". Estos estados de ánimo provocan una especie de entumecimiento, temor a la enfermedad, a la impotencia o a los accidentes. La vida entera adquiere un aspecto sombrío y opresivo. Estos estados de ánimo oscuros pueden incluso conducir a un hombre al suicidio, en cuyo caso el ánima se convierte en un demonio de la muerte.

Esto se ejemplifica en el papel que desempeña en la película Orphée de Cocteau.

Las figuras femeninas envueltas en un aura de peligro y seducción son conocidas por los franceses como "femme fatale". Una encarnación más sutil de esta energía oscura se encuentra en la Reina de la Noche en la ópera "La flauta mágica" de Mozart. Mitos como las sirenas griegas o la Lorelei alemana también personifican esta faceta peligrosa del alma, simbolizando la ilusión destructiva. Una historia siberiana ilustra vívidamente este comportamiento destructivo:

Un día, un cazador solitario divisa a través del río, desde el espeso bosque, a una mujer de belleza deslumbrante. Ella le saluda y entona una melodía:

"¡Oh, ven, cazador solitario, en la quietud del crepúsculo! ¡Ven, ven! Te extraño, te extraño. Ahora te abrazaré, te abrazaré. Ven, ven, mi nido está cerca, mi nido está cerca."

El cazador, cautivado, se despoja de sus ropas y se aventura a cruzar nadando el río para alcanzarla. Sin embargo, en un giro inesperado, ella se transforma en un búho y se aleja burlonamente, dejándolo sumido en la desesperación. En su intento de regresar por sus ropas, se ahoga en las gélidas aguas.

En este relato, el alma representa un sueño irreal de amor, felicidad y seguridad materna, una ilusión que desvía a los hombres de la realidad y los conduce a su perdición. El cazador sucumbe al perseguir una fantasía inalcanzable.

Otro aspecto negativo del alma masculina se manifiesta a través de comentarios hirientes, venenosos y afeminados, que desvalorizan todo a su paso. Estos comentarios, cargados de distorsiones baratas de la verdad, son sutilmente destructivos. Leyendas de todo el mundo hablan de "doncellas envenenadas" que ocultan armas mortales o venenos para acabar con sus amantes en la primera noche juntos.

Si la relación de un hombre con su madre ha sido positiva, puede influir en la manifestación de su alma de manera diferente, llevándolo a ser afeminado o a ser dominado por las mujeres, incapaz de enfrentar los desafíos de la vida. Este tipo de alma puede tornar a los hombres sentimentales o vulnerables, perdiendo contacto con la realidad y sumidos en fantasías.

El alma también puede aparecer en cuentos de hadas como una princesa que somete a sus pretendientes a pruebas mortales o intelectuales. Este juego manipulativo del alma aleja a los hombres de la vida real y los sumerge en una espiral de reflexión neurótica.

Una manifestación común del alma se evidencia en fantasías eróticas, que pueden volverse compulsivas si el hombre no cultiva relaciones sentimentales saludables ni desarrolla una actitud madura hacia la vida.

Estos aspectos del alma pueden proyectarse en una mujer en particular, desencadenando un amor apasionado e irrefrenable. La presencia del alma puede hacer que un hombre se sienta profundamente conectado con una mujer desde el primer encuentro, envolviéndolo en fantasías irresistibles. Las mujeres de naturaleza enigmática suelen atraer estas proyecciones del alma, convirtiéndose en objetos de fantasía y adoración para los hombres enamorados.

La irrupción súbita y apasionada del ánima, como ocurre en un romance repentino, puede desequilibrar profundamente el matrimonio de un hombre y enfrentarlo al llamado "triángulo humano", con todas sus complejidades. Solo se puede hallar una solución tolerable a este drama si se reconoce al ánima como una fuerza interna. El propósito oculto del inconsciente al provocar este enredo es impulsar al hombre a crecer, integrando más aspectos de su personalidad inconsciente y trayéndolos a su vida consciente.

Sin embargo, ya se ha hablado suficiente sobre el aspecto negativo del ánima. Existen otros aspectos positivos igualmente significativos. Por ejemplo, el ánima es responsable de ayudar a un hombre a encontrar a la pareja adecuada. Otra función igualmente crucial es su capacidad para revelar verdades ocultas en el inconsciente cuando la mente lógica del hombre no puede discernirlas. Además, el ánima desempeña un papel vital al alinear la mente del hombre con los valores internos correctos y abrir el camino hacia profundidades interiores más significativas. Es como si una "radio" interior sintonizara una longitud de onda específica que excluye lo irrelevante pero permite escuchar la voz de la Gran Sabiduría. Al establecer esta conexión interna, el ánima actúa como guía o mediadora hacia el mundo interior y hacia el Ser. Este rol se ejemplifica en las iniciaciones chamánicas mencionadas anteriormente, así como en el papel de Beatriz en el Paraíso de Dante y en la diosa Isis, quien se apareció en sueños a Apuleyo, el famoso autor de El Asno de Oro, para iniciarle en una forma de vida más elevada y espiritual.

Un grabado alemán del siglo XVI titulado "El novio hechizado" ofrece una visión tradicional del ánima como una bruja fea.

Un sueño que Jung analiza de un psicoterapeuta de 45 años puede ayudar a ilustrar cómo el ánima puede ser una guía interna. La noche anterior a este sueño, el psicoterapeuta reflexionaba sobre lo difícil que era enfrentar la vida sin el apoyo de una iglesia. Envidiaba a aquellos protegidos por el abrazo maternal de una organización religiosa, a pesar de haber nacido protestante y ya no tener afiliación religiosa alguna. Este fue su sueño:

Se encuentra en el pasillo de una vieja iglesia repleta de gente. Se sienta al final del pasillo junto a su madre y su esposa, en asientos que parecen adicionales.

Se dispone a oficiar la misa como sacerdote, sosteniendo en sus manos un gran libro que parece ser de misa, aunque en realidad es una colección de oraciones o poemas. Este libro le resulta ajeno y no logra encontrar el texto adecuado. Se siente muy ansioso porque debe empezar pronto, y para empeorar las cosas, su madre y su esposa lo distraen con conversaciones triviales. De repente, el órgano se detiene y todos lo miran expectantes, así que se levanta decidido y le pide a una monja arrodillada detrás de él que le pase su libro de misa y le señale el lugar correcto, lo cual hace con gran amabilidad. Ahora, como una especie de sacristán, esta misma monja lo conduce hasta el altar, que está ubicado detrás y a la izquierda, como si se acercaran desde un pasillo lateral. El libro de misa tiene la forma de una hoja de cuadros, como un tablero, de aproximadamente un metro de largo por uno de ancho, con texto e imágenes antiguas en columnas adyacentes.

La monja debe leer una parte de la liturgia antes de que él comience, pero aún no encuentra el lugar correcto en el texto. Le ha dicho que es el número 15, pero los números no están claros y no logra encontrarlo. Sin embargo, con determinación, se vuelve hacia la congregación y encuentra el número 15 (el penúltimo en la pizarra), aunque aún no sabe si podrá descifrarlo. A pesar de ello, desea intentarlo. Despierta.

Este sueño simbolizaba una respuesta del inconsciente a los pensamientos del psicoterapeuta la noche anterior. Básicamente, le decía: "Debes convertirte en sacerdote de tu propia iglesia interior, en la iglesia de tu alma". De esta manera, el sueño muestra que el soñador cuenta con el apoyo de una organización útil; está contenido en una iglesia, no una iglesia externa, sino una que existe dentro de su propio ser.

La gente, que representa todas las cualidades psíquicas del soñador, desea que él mismo oficie la misa. Sin embargo, el sueño no se refiere a una misa real, ya que el libro de misa es muy diferente al real. Parece que la idea de la misa se utiliza como símbolo, significando un acto sacrificial en el que la Divinidad está presente para que el hombre pueda comunicarse con ella. Por supuesto, esta interpretación simbólica no es universal, sino que se aplica a este soñador en particular. Es una solución típica para un protestante, ya que un hombre que aún se siente conectado a la Iglesia católica a través de la fe real normalmente experimenta su ánima en la imagen de la Iglesia misma, y las imágenes sagradas son símbolos de su inconsciente.

El psicoterapeuta no ha tenido esta experiencia eclesiástica, por lo que tuvo que seguir un camino interior. Además, el sueño le indica lo que debe hacer: "Su apego a la madre y su extraversión, representada por su esposa, lo distraen e inquietan, y las conversaciones sin sentido le impiden oficiar la misa interior. Pero si sigue a la monja, es decir, su ánima introvertida, ella lo guiará como servidora y sacerdotisa. Ella posee un extraño libro de misa compuesto por 16 imágenes antiguas. Su misa consiste en la contemplación de estas imágenes psíquicas reveladas por su ánima religiosa". En otras palabras, si el soñador supera su incertidumbre interior, provocada por su complejo materno, descubrirá que su tarea vital tiene la naturaleza y cualidad de un servicio religioso, y si medita sobre el significado simbólico de las imágenes de su ánima, estas lo guiarán hacia esta realización.

En este sueño, el ánima aparece en su propio rol positivo, es decir, como mediadora entre el ego y el Ser. La configuración 4x4 de las imágenes indica que la celebración de esta misa interior se realiza al servicio de la totalidad. Como ha demostrado Jung, el núcleo de la psique (el Yo) se expresa normalmente en alguna forma de estructura cuádruple. El número cuatro también está relacionado con el ánima porque, como señaló Jung, hay cuatro etapas en su desarrollo. El primer estadio se simboliza mejor con la figura de Eva, que representa relaciones puramente instintivas y biológicas. El segundo puede verse en la Helena de Fausto, personificando un nivel romántico y estético caracterizado aún por elementos sexuales. El tercero está representado, por ejemplo, por la Virgen María, una figura que eleva el amor (eros) a las alturas de la devoción espiritual. El cuarto tipo está simbolizado por la Sapientia, la sabiduría que trasciende incluso lo más sagrado y puro. Otro símbolo es la Sulamita del Cantar de los Cantares. Sin embargo, en el desarrollo psíquico del hombre moderno, esta etapa raramente se alcanza. La Mona Lisa es la que más se asemeja a tal ánima de sabiduría.

En ciertos tipos de obras simbólicas, se encuentra con frecuencia el concepto de cuádruple negación. Se discutirán más adelante los aspectos esenciales de este concepto.

Pero, ¿qué implica realmente la función del ánima como guía del mundo interior? Esta función se manifiesta de manera positiva cuando el individuo toma en serio los sentimientos, estados de ánimo, expectativas y fantasías que le comunica su ánima, y los plasma de alguna manera, ya sea a través de la escritura, la pintura, la escultura, la composición musical o la danza. Al trabajar pacientemente en este proceso, emerge desde las profundidades otro material inconsciente que se conecta con el anterior. Una vez que una fantasía se ha plasmado en una forma específica, es necesario examinarla tanto intelectual como éticamente, con una evaluación basada en los sentimientos. Es fundamental considerarla como absolutamente real, sin dudar de que es "solo una fantasía". Si se practica con dedicación durante un período prolongado, el proceso de individuación se convierte gradualmente en la única realidad y puede desarrollarse en su verdadera forma.

Numerosos ejemplos de la literatura ilustran el papel del ánima como guía y mediadora del mundo interior: La Hipnerotomaquia de Francesco Colonna, Ella de Rider Haggard o "el eterno femenino" en el Fausto de Goethe. En un texto místico medieval, una figura del ánima describe su propia naturaleza de la siguiente manera:

"Soy la flor del campo y el lirio de los valles. Soy la madre del amor hermoso y del temor, del conocimiento y de la santa esperanza... Soy la mediadora de los elementos, armonizando unos con otros; lo cálido lo vuelvo frío y viceversa, lo seco lo vuelvo húmedo y viceversa, lo duro lo suavizo... Soy la ley en el sacerdote, la palabra en el profeta y el consejo en el sabio. Puedo dar la vida o la muerte, y nadie puede librarse de mi mano."

Durante la Edad Media, se produjo una notable diferenciación espiritual en cuestiones religiosas, poéticas y culturales, y el mundo fantástico del inconsciente se reconoció más claramente que antes. Durante este período, el culto caballeresco a la dama representó un intento de diferenciar el aspecto femenino de la naturaleza humana, tanto en relación con las mujeres reales como con el mundo interior.

La dama a la que el caballero servía y por la que realizaba hazañas heroicas era, naturalmente, una personificación del ánima. El nombre de la portadora del Grial, en la versión de la leyenda de Wolfram von Eschenbach, es especialmente significativo: Conduir-amour ("guía en asuntos de amor"). Ella enseñó al héroe a distinguir sus sentimientos y su comportamiento hacia las mujeres. Sin embargo, más tarde, este esfuerzo individual y personal de desarrollar la relación con el ánima se abandonó cuando su aspecto sublime se fusionó con la figura de la Virgen, que se convirtió entonces en objeto de devoción y alabanza sin límites. Cuando el ánima, como Virgen, fue concebida como completamente positiva, sus aspectos negativos encontraron expresión en la creencia en las brujas.

En China, la figura paralela a la de María es la diosa Kwan-Yin. Una figura del ánima china más popular es la "Dama de la Luna", que otorga el don de la poesía o la música a sus favoritos e incluso puede concederles la inmortalidad. En la India, el mismo arquetipo está representado por Shakti, Parvati, Rati y muchas otras; entre los musulmanes, sobre todo por Fátima, la hija de Mahoma.

La conexión entre el motivo del cuatro y el ánima se manifiesta en una pintura del artista suizo Peter Birkhäuser. Un ánima de cuatro ojos aparece como una visión sobrecogedora y aterradora. Los cuatro ojos tienen un significado simbólico similar al de los 16 cuadros del sueño citado anteriormente. Sugieren que el ánima contiene la posibilidad de alcanzar la totalidad.

El culto al ánima como figura oficialmente reconocida conlleva el grave inconveniente de que pierde sus aspectos individuales. Por otro lado, considerarla como un ser exclusivamente personal puede llevar a que, si se proyecta al mundo exterior, solo se la pueda encontrar allí. Esta situación puede generar problemas interminables, ya que el individuo puede convertirse en víctima de sus fantasías eróticas o depender compulsivamente de una mujer real.

Solo la dolorosa (pero esencialmente sencilla) decisión de tomar en serio las propias fantasías y sentimientos puede evitar un estancamiento completo en el proceso interior de individuación en esta etapa, ya que solo así el individuo puede descubrir el verdadero significado de esta figura como realidad interior. Así, el ánima vuelve a ser lo que era originalmente: la "mujer interior" que transmite mensajes vitales del Ser.

El animus: el hombre interior

En la psique femenina, el animus representa la personificación masculina del inconsciente, y al igual que el ánima en los hombres, exhibe tanto aspectos positivos como negativos. Sin embargo, el animus no se manifiesta con tanta frecuencia en forma de fantasía erótica o estado de ánimo, sino más bien como una convicción "sagrada" oculta. Cuando esta convicción se expresa con una voz fuerte, insistente y masculina, o se impone a los demás mediante escenas emocionales intensas, se reconoce fácilmente la presencia de la masculinidad subyacente en una mujer. Incluso en mujeres que parecen muy femeninas externamente, el animus puede manifestarse como un poder igualmente duro e inflexible, mostrando una obstinación, frialdad y falta de accesibilidad.

Una de las ideas recurrentes que el animus presenta en el pensamiento de este tipo de mujeres es algo así como: "Lo único que deseo en el mundo es amor... y él no me quiere", o "En esta situación solo hay dos posibilidades... y ambas son igualmente malas" (el animus rara vez admite excepciones). Las opiniones del animus son difíciles de contradecir porque suelen ser correctas de manera general, pero raramente se ajustan a la situación individual. Parecen razonables, pero no son pertinentes.

En la novela "Cumbres Borrascosas" de Emily Brontë, el siniestro protagonista Heathcliff representa en parte una figura de animus negativa y demoníaca, posiblemente una manifestación del propio animus de la autora. Esta interpretación se ve reforzada por el montaje que enfrenta a Heathcliff (interpretado por Laurence Olivier en la película de 1939) con Emily (representada por su hermano), con el paisaje de Cumbres Borrascosas al fondo.

Al igual que el carácter del ánima en un hombre está influenciado por su madre, el animus de una mujer está principalmente moldeado por su padre. El padre dota al animus de su hija con unas convicciones indiscutibles y "verdaderas" que no incluyen la realidad personal de la mujer tal como es en realidad.

Por lo tanto, el animus puede ser, como el ánima, un demonio de muerte. Por ejemplo, en un cuento de hadas gitano, una mujer solitaria recibe a un apuesto desconocido a pesar de haber soñado con que era el rey de los muertos. Cuando le insiste para que le revele su verdadera identidad, él le revela que es la propia muerte, y ella muere de miedo.

El animus negativo también puede aparecer como un ladrón y asesino en los mitos y cuentos de hadas. Un ejemplo es Barba Azul, quien asesina a sus esposas en secreto en una cámara oculta. Esta forma de animus personifica reflexiones semiconscientes, frías y destructivas que invaden a una mujer, especialmente en horas de la madrugada, llevándola a pensamientos maliciosos e intrigantes, e incluso a desear la muerte de otros.

La posesión por parte del animus puede conducir a actitudes destructivas y a una extraña pasividad, parálisis emocional o profunda inseguridad en una mujer. Solo cuando la posesión desaparece, se percata de que ha actuado en contra de sus verdaderos pensamientos y sentimientos. Es esencial reconocer que el animus, al igual que el ánima, no se limita a cualidades negativas, sino que también tiene un lado positivo y valioso que puede conducir al individuo hacia la creatividad y la conexión con el Ser.

En los sueños, el ánimus a menudo se representa como un grupo de hombres, lo que simboliza su naturaleza colectiva más que personal. Por ello, cuando el ánimus habla a través de las mujeres, estas suelen referirse a él como "uno", "ellos" o "todos", utilizando palabras como "siempre", "debería" y "debería" en su discurso.

Numerosos mitos y cuentos de hadas narran la historia de un príncipe convertido en animal o monstruo por brujería, quien es redimido por el amor de una joven. Este proceso simboliza la toma de conciencia del ánimus. A menudo, la heroína no puede hacer preguntas sobre su misterioso esposo, y cuando lo encuentra, puede ser en la oscuridad y sin poder verlo. Esta falta de visión simboliza la confianza ciega en el ánimus. Sin embargo, esta confianza rara vez se cumple, ya que el ánimus suele romper su promesa. En última instancia, la heroína solo puede encontrar a su amante después de una búsqueda larga y dolorosa.

En la vida real, enfrentarse al problema del ánimus requiere tiempo y sufrimiento. Sin embargo, al reconocer quién es su ánimus y enfrentarse a él, una mujer puede convertirlo en un compañero interior valioso, dotándola de cualidades masculinas como iniciativa, valentía, objetividad y sabiduría espiritual.

Al igual que el ánima, el ánimus pasa por cuatro etapas de desarrollo. En primer lugar, se presenta como un símbolo del poder físico, como un atleta o un hombre musculoso. Luego, muestra iniciativa y capacidad para la acción planificada. En la tercera etapa, se convierte en la "palabra", a menudo representado como profesor o clérigo. Finalmente, en su cuarta etapa, encarna el sentido y se convierte en mediador de la experiencia religiosa, otorgando firmeza espiritual y apoyo interior.

El ánimus puede conectarse con la evolución espiritual de su época, lo que hace a las mujeres receptivas a nuevas ideas creativas. Sin embargo, la posesión del ánimus puede causar problemas matrimoniales, arrastrando la conversación a un nivel bajo y creando una atmósfera emocional negativa.

El lado positivo del ánimus puede representar emprendimiento, valentía, veracidad y profundidad espiritual, ayudando a una mujer a encontrar una actitud espiritual intensificada hacia la vida. Sin embargo, para lograr esto, la mujer debe cuestionar sus propias convicciones y estar abierta a las sugerencias del inconsciente, incluso cuando contradigan las opiniones del ánimus.

Cuando una persona ha superado el problema del ánimus, el inconsciente cambia y aparece una nueva forma simbólica: el Yo. En los sueños de una mujer, el Yo puede personificarse como una figura femenina superior, como una sacerdotisa o una diosa de la naturaleza. En el caso de un hombre, se manifiesta como un iniciador y guardián masculino. Dos cuentos populares ilustran este papel del Yo, donde una figura simbólica ayuda al individuo a superar un aspecto peligroso de su ánima.

En la psique femenina, el Yo adopta representaciones femeninas, como ya se ha mencionado. Esto se ejemplifica en una historia esquimal que narra el encuentro de una joven solitaria, desilusionada en el amor, con un mago que navega en un barco de cobre, conocido como el "Espíritu de la Luna". Este ser celestial, que otorga a la humanidad todos los animales y brinda suerte en la caza, la lleva consigo al reino celestial. Una vez allí, la deja sola y ella visita una casa cerca de la morada del "Fantasma de la Luna", donde encuentra a una diminuta mujer vestida con la membrana intestinal de una foca barbuda. Esta mujer le advierte sobre el Espíritu de la Luna, revelándole sus intenciones de hacerle daño. La diminuta mujer elabora una larga cuerda para que la joven pueda regresar a la Tierra durante la luna nueva, momento en el que el poder del Espíritu de la Luna se debilita. Sin embargo, la joven no abre los ojos a tiempo al regresar, lo que resulta en su transformación en araña y la imposibilidad de volver a ser humana.

En este relato, el músico divino del cuento anterior personifica al "viejo sabio", un arquetipo común del Ser, similar a figuras como el hechicero Merlín de la leyenda medieval o el dios griego Hermes. La pequeña mujer, con su peculiar atuendo de membrana, representa al Yo tal como se manifiesta en la psique femenina. Mientras el viejo músico protege al héroe del ánima destructiva, la mujer diminuta protege a la joven del "Barba Azul" esquimal, encarnado en el Espíritu de la Luna. Sin embargo, en este caso, las cosas toman un giro desafortunado, aspecto que se abordará más adelante.

El Ser no siempre adopta la forma de un anciano sabio. Estas personificaciones pueden ser intentos de expresar algo más allá del tiempo, algo que abarca tanto la juventud como la vejez. Un sueño que Jung analizó de un hombre de mediana edad ilustra al Ser como un joven:

Un joven cabalgó hasta el jardín desde la calle. (No había arbustos ni valla, como en la vida real; el jardín estaba abierto). No estaba claro si había llegado allí a propósito o si el caballo lo había llevado contra su voluntad.

El soñador se detuvo en el camino hacia su estudio y observó su llegada con gran placer. La visión del joven sobre su hermoso caballo lo impactó profundamente.

El caballo, un animal pequeño, salvaje y poderoso, similar a un jabalí, con pelaje espeso y erizado de color gris plateado, simbolizaba la energía. El joven pasó junto al soñador entre el estudio y la casa, saltó del caballo y lo alejó con cuidado para no dañar el parterre recién plantado por su esposa (un suceso onírico).

Esta juventud representa al Ser, que trae consigo la renovación de la vida, un impulso creativo y una nueva orientación espiritual que infunde vitalidad y emprendimiento a todo.

Cuando un hombre sigue las indicaciones de su inconsciente, puede recibir este don. De repente, una vida monótona y aburrida se transforma en una aventura interior rica y llena de posibilidades creativas. En la psicología femenina, esta personificación juvenil del Ser puede manifestarse como una joven sobrenaturalmente talentosa. Una mujer de unos cuarenta años relata su sueño:

Se encontraba frente a una iglesia, lavando el pavimento con agua. Luego corrió calle abajo cuando los alumnos salían del instituto. Llegó a un río estancado con una tabla o tronco de árbol sobre él. Mientras intentaba cruzarlo, un alumno travieso hizo que la tabla se rompiera, casi haciéndola caer al agua. "¡Idiota!" gritó. Al otro lado del río, tres niñas jugaban y una de ellas le ofreció ayuda. Aunque pensó que su mano no sería lo suficientemente fuerte, logró, sin esfuerzo aparente, llevarla a la orilla.

La figura de la estudiante, que representa un pensamiento previo de la soñadora sobre satisfacer su anhelo espiritual en la escuela, la ayuda en su momento de necesidad. Este acto refleja la intervención del Ser, pequeña pero poderosa, en su vida.

La figura del Ser en los sueños no se limita a la forma humana, ya sea joven o anciana. A través de diversas edades, el Ser muestra su presencia constante más allá de la experiencia consciente del tiempo y del espacio. En ocasiones, se manifiesta como un ser humano gigantesco y simbólico que abarca todo el cosmos, lo que indica una solución creativa a los conflictos personales.

La presencia recurrente de la figura del Hombre Cósmico en diversos mitos y enseñanzas religiosas no sorprende. Suele retratarse como algo beneficioso y positivo, encarnando a veces figuras como Adán, el Gayomart persa o el Purusha hindú. Este concepto puede incluso representar el principio fundamental de todo el universo. Por ejemplo, los antiguos chinos concebían que antes de la creación existía un colosal ser divino llamado P'an Ku, quien modeló el cielo y la tierra. Según su estado de ánimo, influía en el clima y fenómenos naturales. Tras su muerte, su cuerpo dio origen a las cinco montañas sagradas de China, y sus ojos se convirtieron en el sol y la luna.

El Hombre Cósmico, esa figura colosal que abarca y personifica el universo entero, es una representación común del Ser en mitos y sueños. Por ejemplo, en la portada de "Leviatán" de Thomas Hobbes, la gigantesca figura del Leviatán simboliza a toda la comunidad, donde el pueblo elige a su autoridad central. El P'an Ku chino, cubierto de hojas, sugiere una existencia natural y orgánica.

Se observa que las estructuras simbólicas relacionadas con el proceso de individuación suelen basarse en el número cuatro, como las cuatro funciones de la conciencia. Este motivo reaparece en la figura cósmica de P'an Ku. En la cultura occidental, se asocia al símbolo de Adán, el Primer Hombre, como una representación de la unidad total de la humanidad.

En Persia, el Primer Hombre, Gayomart, era visto como una figura luminosa de la que brotaron metales y oro tras su muerte. En Oriente, el Hombre Cósmico se percibe más como una imagen psíquica interior que como una realidad externa. En la tradición hindú, el Purusha habita en cada individuo y en el cosmos mismo, siendo el principio y la meta final de la vida y la creación.

Desde una perspectiva psicológica, toda la realidad interior de cada individuo apunta hacia este símbolo arquetípico del Ser. Esto implica que la existencia humana no puede explicarse únicamente en términos de instintos aislados o mecanismos intencionales, sino que su propósito último es ser humano. Más allá de las pulsiones básicas como el hambre o el poder, la realidad psíquica interior revela un misterio vivo que a menudo se expresa a través del símbolo del Hombre Cósmico.

En la cultura occidental, se ha asociado ampliamente al Hombre Cósmico con Cristo, mientras que en Oriente se le identifica con Krishna o Buda. En el Antiguo Testamento, esta figura simbólica es conocida como el "Hijo del Hombre", y en el misticismo judío posterior se le conoce como Adam Kadmon. Algunos movimientos religiosos de épocas pasadas lo referían simplemente como Anthropos (hombre en griego). Como cualquier símbolo, esta imagen apunta hacia un secreto insondable, el significado último e desconocido de la existencia humana.

Según ciertas tradiciones, se dice que el Hombre Cósmico representa la culminación de la creación, pero su realización no debe interpretarse como un evento externo tangible. Desde la perspectiva hindú, por ejemplo, no se trata tanto de que el mundo exterior se disuelva algún día en el Gran Hombre original, sino más bien de que la orientación del ego hacia el mundo externo se desvanezca para dar paso al Hombre Cósmico. Esto ocurre cuando el ego se fusiona con el Ser. El flujo constante de pensamientos y deseos del ego se aquieta cuando se encuentra con el Gran Hombre interior. Es importante recordar que la percepción consciente da forma a la realidad externa, y no se puede afirmar su existencia independiente y absoluta.

Los numerosos ejemplos provenientes de diversas culturas y épocas demuestran la universalidad del símbolo del Gran

Hombre. Su imagen perdura en la mente humana como una meta o expresión del misterio fundamental de la vida. Al representar la totalidad y la completitud, este símbolo a menudo se concibe como una entidad bisexual. Esta unión de opuestos psicológicos, lo masculino y lo femenino, aparece con frecuencia en los sueños como una pareja divina. Un sueño particular que Jung analizó de un hombre de 47 años ilustra este aspecto del Ser de manera notable:

El núcleo interior de la psique del soñador se manifiesta al inicio en una visión temporal de una pareja real emergiendo de las profundidades de su naturaleza animal y de las capas primitivas de su inconsciente. La osa al principio representa una especie de deidad materna. La piedra ovalada oscura que la osa frota y pule probablemente simboliza la verdadera esencia del soñador. Frotar y pulir piedras es una actividad ancestral que simboliza la formación y el refinamiento del ser interior. El sueño sugiere que el soñador debe permitirse entrar en contacto con este aspecto de la vida; es a través de las tensiones y desafíos de la vida conyugal que su ser interior puede moldearse y pulirse.

Cuando la piedra esté completamente pulida, brillará como un espejo, reflejando a la osa. Esto significa que solo aceptando los aspectos terrenales y los sufrimientos de la vida, el alma humana puede transformarse en un espejo que refleje los poderes divinos. Sin embargo, el soñador huye a un lugar más elevado, buscando escapar de las exigencias de la vida. El sueño le muestra que al evadir estas demandas, una parte de su alma (su ánima) permanecerá indiferenciada, como lo simboliza el grupo de mujeres de naturaleza indescriptible que se dividen entre lo primitivo y lo civilizado.

La leona y su cría que aparecen más tarde en el sueño personifican el misterioso impulso hacia la individuación, representado por su labor de dar forma a las piedras redondas.

Los leones, como pareja real, simbolizan la totalidad. En la alquimia medieval, la "piedra filosofal", símbolo de la totalidad del ser humano, se representa a menudo como una pareja de leones o una pareja humana montada sobre leones. Esto sugiere que el impulso hacia la individuación a menudo se manifiesta veladamente, oculto en la pasión ardiente que uno puede sentir por otra persona. La intensidad de este tipo de amor apunta, en última instancia, al misterio de la completitud, y es por eso que uno siente que alcanzar la unidad con la otra persona es el propósito más significativo de la vida.

En los sueños, un espejo puede representar el poder del inconsciente para proporcionar una visión objetiva del individuo, ofreciéndole una imagen de sí mismo que quizás nunca antes haya considerado. Esta visión, que a menudo desconcierta y perturba a la mente consciente, solo puede obtenerse a través del inconsciente. Un ejemplo de esto se encuentra en el mito griego de la Gorgona Medusa, cuya mirada convertía a los hombres en piedra y solo podía ser contemplada a través de un espejo. En la pintura de Caravaggio del siglo XVII se muestra a Medusa reflejada en un escudo.

Mientras que en este sueño la imagen de la totalidad se manifiesta en forma de una pareja de leones, permanecerá imbuida de una pasión abrumadora. Sin embargo, cuando el león y la leona se transforman en rey y reina, el impulso hacia la individuación ha alcanzado un nivel de realización consciente y puede ser comprendido por el ego como el verdadero propósito de la vida.

Antes de que los leones se transformen en seres humanos, solo las mujeres primitivas cantan, expresando sentimientos de manera sentimental. Esto sugiere que los sentimientos del soñador permanecen en un nivel primitivo y sentimental. Pero en honor a los leones humanizados, tanto las mujeres primitivas como las civilizadas entonan un himno común de alabanza. Esta expresión unificada de sentimientos muestra que la división interna del ánima se ha transformado en una armonía interior.

Otra representación del Ser se encuentra en el relato de la "imaginación activa" de una mujer. La imaginación activa es una forma de meditación imaginativa que permite a uno entrar en contacto deliberadamente con el inconsciente y establecer una conexión consciente con los fenómenos psíquicos. En la meditación de la mujer, el Yo se manifiesta como un ciervo, que le comunica al ego: "Soy tu hijo y tu madre. Me llaman el 'animal conector' porque conecto a personas, animales e incluso piedras entre sí si entro en ellos. Soy tu destino o el 'yo objetivo'. Cuando aparezco, te libero de los peligros sin sentido de la vida. El fuego que arde en mi interior arde en toda la naturaleza. Si un hombre pierde contacto conmigo, se vuelve egocéntrico, solitario, desorientado y débil".

El Yo se suele simbolizar como un animal, representando la naturaleza instintiva y su conexión con el entorno. Esta relación del Yo con la naturaleza circundante e incluso con el cosmos probablemente se derive del hecho de que el "átomo nuclear" de la psique está de alguna manera entrelazado con el mundo exterior y el interior. De este modo, el inconsciente está en sintonía con el entorno, la sociedad y la naturaleza en general. Los sueños también pueden proporcionar orientación tanto al hombre primitivo como al civilizado para encontrar su camino a través de los desafíos de la vida interior y exterior. Al prestar atención a los sueños, se puede comenzar a percibir un mundo lleno de eventos significativos y secretamente ordenados en lugar de vivir en un mundo de casualidades sin sentido.

Sin embargo, en general, los sueños no se centran principalmente en la adaptación a la vida exterior. En la sociedad civilizada, la mayoría de los sueños están relacionados con el desarrollo de la actitud interior correcta hacia el Ser, ya que esta conexión está más perturbada debido a las formas modernas de pensar y comportarse. Mientras que los pueblos primitivos suelen vivir directamente desde su centro interno, los individuos civilizados, con su conciencia desarraigada, están tan inmersos en asuntos externos que a menudo les resulta difícil recibir los mensajes del Ser. La mente consciente crea constantemente la ilusión de un mundo exterior claramente definido y "posterior", lo que bloquea muchas otras percepciones. Sin embargo, a través del inconsciente, existe una misteriosa conexión con el entorno psíquico y físico.

Como se mencionó anteriormente, el Ser se simboliza a menudo en forma de piedra, ya sea preciosa o no. En muchos sueños, el núcleo central, el Ser, también aparece como un cristal. La disposición matemáticamente precisa de un cristal evoca la sensación intuitiva de que, incluso en la llamada materia "muerta", existe un principio de orden espiritual. Por lo tanto, el cristal simboliza a menudo la unión de opuestos extremos: materia y espíritu.

Los cristales y las piedras pueden ser símbolos especialmente adecuados del Ser debido a la "justeza" de su naturaleza. Muchas personas sienten una fascinación por recoger piedras de colores o formas inusuales, sin saber por qué lo hacen. Parece como si las piedras encerraran un misterio vivo que las atrae. Desde tiempos antiguos, los seres humanos han coleccionado piedras, creyendo que algunas de ellas contenían la fuerza vital con todo su misterio. Por ejemplo, los antiguos germanos creían que los espíritus de los muertos seguían viviendo en sus lápidas. La costumbre de colocar piedras sobre las tumbas puede deberse en parte a la idea simbólica de que algo eterno de la persona fallecida permanece, lo que puede representarse mejor mediante una piedra. Aunque el ser humano es muy diferente de una piedra, el centro más íntimo del hombre se asemeja de manera extraña y especial a una piedra. En este sentido, la piedra simboliza la experiencia más simple y profunda: la experiencia de algo eterno que el hombre puede tener en aquellos momentos en que se siente inmortal e inalterable.

A menudo, el Ser se representa como un animal servicial, símbolo de la base instintiva de la psique. Por ejemplo, en la historia de los hermanos Grimm "El pájaro de oro", aparece un zorro mágico. También en la mitología hindú, el dios mono Hanuman lleva a los dioses Siva y Parvati en su corazón.

Las piedras son imágenes frecuentes del Ser debido a su completitud, es decir, su inmutabilidad y durabilidad. Algunos hindúes transmiten de padres a hijos piedras que se cree que tienen poderes mágicos.

El impulso que se encuentra en prácticamente todas las civilizaciones de erigir monumentos de piedra a hombres célebres o en el lugar de acontecimientos importantes probablemente también proviene de este significado simbólico de la piedra. La piedra que Jacob colocó en el lugar donde tuvo su famoso sueño, o ciertas piedras dejadas por la gente sencilla sobre las tumbas de santos o héroes locales, muestran la naturaleza original del impulso humano de expresar una experiencia de otro modo inexpresable mediante el símbolo de la piedra. No es de extrañar que muchos cultos religiosos utilicen una piedra para representar a Dios o marcar un lugar de culto. Según el simbolismo eclesiástico cristiano, Cristo es "la piedra que desecharon los constructores", que se convirtió en "la cabeza del ángulo" (Lucas XX: 17). También se le llama "la roca espiritual de la que brota el agua de la vida" (1 Cor. X:4). Los alquimistas medievales creían que su famosa "piedra filosofal" contenía el secreto de la materia o el funcionamiento de la actividad divina. Sin embargo, algunos alquimistas percibieron que su piedra buscada era un símbolo de algo que solo puede encontrarse dentro de la psique del hombre. Un antiguo alquimista árabe, Morienus, dijo: "Esta cosa [la piedra filosofal] se extrae de ti: tú eres su mineral, y uno puede encontrarla en ti; o, para decirlo más claramente, ellos [los alquimistas] la toman de ti. Si reconoces esto, el amor y la aprobación de la piedra crecerán en ti. Sabed que esto es cierto sin lugar a dudas".

La cualidad "eterna" de las piedras se manifiesta en los guijarros y en las montañas, como se observa en las rocas bajo el monte Williamson, California. Por esta razón, la piedra ha sido utilizada desde siempre en la creación de monumentos conmemorativos, como las cabezas de cuatro presidentes de Estados Unidos talladas en el acantilado del monte Rushmore, en Dakota del Sur.

El lapis alquímico, o piedra filosofal, simboliza algo que nunca puede perderse ni disolverse, algo eterno que algunos alquimistas comparaban con la experiencia mística de Dios dentro del alma humana. A menudo, se requiere un sufrimiento prolongado para despojarse de todos los elementos psíquicos superfluos que ocultan la piedra. Sin embargo, la mayoría de las personas experimentan alguna vez en la vida una profunda conexión con el Ser. Desde una perspectiva psicológica, una actitud genuinamente religiosa implica esforzarse por descubrir esta experiencia única y mantener una conexión continua con ella, ya que la piedra misma es un símbolo de permanencia. Esto convierte al Ser en un compañero interior hacia el cual se dirige constantemente la atención.

El hecho de que el símbolo más elevado y frecuente del Yo sea un objeto de materia inorgánica sugiere otra área de investigación y especulación: la relación aún desconocida entre lo que se denomina psique inconsciente y lo que se llama "materia". Jung propuso un nuevo concepto al respecto, denominado sincronicidad, que se refiere a una "coincidencia significativa" de eventos externos e internos que no están causalmente relacionados, sino que están conectados por su significado simbólico.

Cuando se observan este tipo de coincidencias significativas en la vida de un individuo, parece que hay un arquetipo activado en su inconsciente, manifestándose tanto en eventos internos como externos. Este fenómeno sugiere la existencia de una relación entre la psique y la materia que va más allá de la causalidad directa.

El concepto de sincronicidad es una herramienta que permite explorar más profundamente esta interrelación entre la psique y la materia. Aunque todavía es un tema abierto y en proceso de exploración, ofrece posibilidades intrigantes para la investigación futura en los campos de la psicología y la física.

Aunque esta discusión sobre la sincronicidad puede parecer alejada del tema principal, es importante hacer al menos una breve referencia a ella, ya que es una hipótesis junguiana cargada de futuras posibilidades de investigación y aplicación. Los eventos sincrónicos suelen acompañar las fases cruciales del proceso de individuación, pero a menudo pasan desapercibidos porque el individuo no ha aprendido a estar atento a tales coincidencias y a interpretar su significado en relación con el simbolismo de sus sueños.

En la sociedad moderna, cada vez más personas, especialmente las que residen en grandes urbes, experimentan un profundo vacío y aburrimiento, como si estuvieran aguardando algo que nunca llega. Aunque el entretenimiento como el cine, la televisión, los eventos deportivos y la participación política pueden ofrecer distracción temporal, tarde o temprano se encuentran agotados y desilusionados, regresando una y otra vez al desierto de sus propias vidas.

La única aventura verdadera que aún queda para el ser humano moderno reside en el reino interior de la psique inconsciente. Con esta noción en mente, muchos recurren al yoga y otras prácticas orientales. Sin embargo, estas actividades no proporcionan una experiencia auténticamente nueva, ya que simplemente retoman lo que ya han explorado los hindúes o chinos, sin enfrentarse directamente con su propio centro vital interno. A diferencia de seguir un camino preestablecido, Jung desarrolló un método para acceder al centro interior y establecer contacto con el misterio vivo del inconsciente, de manera independiente y sin ayuda externa.

Mantener una atención constante en la realidad viva del Ser es como vivir simultáneamente en dos niveles o mundos diferentes. Aunque se continúa con las responsabilidades externas, se debe permanecer alerta a los indicios y señales tanto en los sueños como en los eventos externos, que el Ser utiliza para comunicar sus intenciones: la dirección de la corriente vital.

Los antiguos textos chinos comparan esta experiencia con un gato que vigila una ratonera. Se aconseja mantener la mente libre de distracciones, pero sin llegar a estar excesivamente alerta o aburrida. Existe un nivel óptimo de percepción. Cuando el entrenamiento se lleva a cabo de esta manera, con el tiempo se vuelve efectivo, y cuando se alcanza la madurez, el individuo experimenta un despertar supremo. En este momento, se libera de todas las dudas y alcanza una gran felicidad.

Así, en medio de la vida cotidiana, uno se encuentra inmerso de repente en una emocionante aventura interior, única para cada individuo y no susceptible de ser imitada o robada.

La pérdida del contacto con el centro regulador del alma puede atribuirse a dos razones principales. La primera es la tendencia a una unilateralidad, donde una sola pulsión instintiva o imagen emocional puede llevar a una pérdida de equilibrio. La segunda amenaza proviene de una excesiva consolidación de la conciencia del ego, que bloquea la recepción de impulsos y mensajes del centro inconsciente o el Yo. Muchos sueños de personas civilizadas buscan restaurar esta receptividad, corrigiendo la actitud del ego hacia el centro interior.

En la mitología, se enfatiza la representación del Yo a través de las cuatro esquinas del mundo, a menudo visualizado con el Gran Hombre en el centro de un círculo dividido en cuatro partes. Jung empleó el término hindú "mandala" (círculo mágico) para describir esta estructura, que simboliza el "átomo nuclear" de la psique humana, cuya esencia aún resulta desconocida. Resulta interesante que un cazador Naskapi representara al Gran Hombre no como un ser humano, sino como un mandala.

Mientras que los Naskapi experimentan el centro interior directamente y de manera ingenua, sin la ayuda de ritos o doctrinas religiosas, otras comunidades utilizan el motivo del mandala para restaurar el equilibrio interior perdido. Por ejemplo, los indios Navajo emplean pinturas de arena estructuradas en mandalas para restablecer la armonía de una persona enferma consigo misma y con el cosmos, en busca de su curación.

En las civilizaciones orientales, se emplean imágenes similares para fortalecer el ser interior o inducir a una meditación profunda. Contemplar un mandala busca proporcionar paz interior y una sensación de que la vida ha recuperado su sentido y orden. Incluso cuando aparece espontáneamente en los sueños de personas no influenciadas por tradiciones religiosas, como en el caso de una mujer de 62 años, el mandala ejerce un efecto positivo, ya que el conocimiento y la tradición a veces pueden distorsionar o bloquear la experiencia espontánea.

Un sueño de esta mujer revela la emergencia de un mandala como preludio de una nueva fase creativa en su vida:

En el sueño, un paisaje bañado en una tenue luz revela una colina con una cresta ascendente, donde se desplaza un disco cuadrangular que brilla como el oro. A medida que la tierra oscura arada comienza a brotar, una mesa redonda con una losa de piedra gris aparece en primer plano. De manera súbita, el disco cuadrangular se desplaza hacia la mesa, abandonando la colina sin explicación aparente.

Este sueño, como muchas obras de arte, simboliza un estado de ánimo inexpresable. La tenue luz sugiere que la claridad de la conciencia diurna se ha atenuado, permitiendo que la "naturaleza interior" emerja bajo su propia luz. El disco cuadrangular, símbolo del Yo, pasa de ser una idea intuitiva a convertirse en el centro del paisaje del alma. Este cambio representa el comienzo de un crecimiento interior, donde una semilla plantada hace mucho tiempo finalmente empieza a brotar.

El movimiento del disco dorado hacia la derecha simboliza la toma de conciencia y la adaptación consciente. Finalmente, el disco se posa sobre una mesa redonda de piedra, encontrando una base permanente para su presencia.

Jung destacó que la exploración del propio inconsciente es la única aventura real que queda para cada individuo. El objetivo final de esta búsqueda es establecer una relación armoniosa y equilibrada con el Ser. El mandala circular representa este equilibrio perfecto, reflejado en la estructura de la moderna catedral de Brasilia.

En los cuadros pintados por la soñadora, el motivo del mandala aparece como un cuadrángulo en lugar de un círculo. Mientras que las formas cuadrangulares simbolizan la realización consciente de la totalidad interior, las formas circulares representan la totalidad natural. En el sueño, el disco cuadrado y la mesa redonda se encuentran, sugiriendo la aproximación a la realización consciente del centro. La mesa redonda, por su parte, es un símbolo conocido de la totalidad y desempeña un papel en la mitología, como la mesa redonda del Rey Arturo, derivada de la Última Cena.

Cuando un individuo se adentra en su mundo interior en busca de autoconocimiento, explorando no solo sus pensamientos y sentimientos subjetivos, sino también las manifestaciones de su propia naturaleza objetiva, como los sueños y las fantasías genuinas, tarde o temprano se encuentra con el Ser. En este proceso, el ego descubre un poder interior que contiene todas las posibilidades de renovación.

Sin embargo, existe una dificultad significativa que hasta ahora se ha mencionado de manera indirecta. Cada manifestación del inconsciente -la sombra, el ánima, el ánimus y el Yo- tiene tanto aspectos luminosos como oscuros. Ya se ha observado cómo la sombra puede manifestarse como un impulso instintivo que necesita ser superado, pero también puede ser un motor de crecimiento personal que debe cultivarse. De manera similar, tanto el ánima como el ánimus presentan una dualidad: pueden contribuir al desarrollo vital y creativo de la personalidad, o pueden llevar a la petrificación y, metafóricamente hablando, a la muerte.

Incluso el Yo, que simboliza el centro de la psique, posee esta ambivalencia. Un ejemplo ilustrativo es el cuento esquimal en el que la "mujercita" ofrece salvar a la heroína del Espíritu de la Luna, pero en realidad la convierte en una araña.

El aspecto oscuro del Yo representa el mayor peligro debido a su posición predominante en la psique. Puede llevar a las personas a tejer fantasías megalomaníacas u otros delirios que las atrapan y dominan. Quienes caen en este estado pueden creer, con creciente fervor, que han alcanzado una comprensión profunda y resuelto los misterios cósmicos, perdiendo así todo contacto con la realidad humana. Una señal clara de este estado es la pérdida del sentido del humor y de las relaciones humanas.

Por lo tanto, el despertar del Ser puede conllevar un gran peligro para la conciencia consciente del individuo. Este doble aspecto del Yo se ilustra en el antiguo cuento de hadas iraní "El Secreto del Baño Bâdgerd":

El valiente príncipe Hâtim Tâi recibe el encargo de su rey de investigar el misterioso Baño Bâdgerd. Después de enfrentarse a numerosas aventuras peligrosas, llega al lugar y se encuentra con un barbero que le conduce a una bañera en un edificio circular. Una vez dentro, estalla un ruido ensordecedor, se oscurece todo a su alrededor, el barbero desaparece y el agua comienza a subir lentamente.

Hâtim nada desesperadamente hasta que el agua llega al techo de la bañera, formando una cúpula. Temiendo estar perdido, reza y se agarra a la piedra central de la cúpula. De repente, todo cambia y se encuentra solo en un desierto.

Después de un largo vagabundeo, llega a un hermoso jardín con un círculo de estatuas de piedra en su centro. En medio de las estatuas, ve un loro en una jaula y una voz le dice desde arriba: "Oh, héroe, es probable que no salgas vivo de este baño. Una vez, Gayomart, el Primer Hombre, encontró un diamante enorme que brillaba más que el sol y la luna. Decidió esconderlo en este baño mágico para protegerlo. El loro que ves forma parte de la magia. A sus pies, hay un arco de oro y una flecha en una cadena de oro. Puedes intentar disparar tres veces al loro. Si le das, la maldición desaparecerá; de lo contrario, quedarás petrificado como las otras personas que ves aquí".

Hâtim intenta disparar al loro, pero falla en sus dos primeros intentos y su cuerpo se petrifica gradualmente. En su tercer intento, cierra los ojos, exclama "Dios es grande" y dispara a ciegas, acertando al loro. Tras un estallido de truenos y polvo, el loro desaparece y en su lugar aparece un enorme y hermoso diamante, mientras que las estatuas recobran la vida. El pueblo agradece su liberación.

El lector podrá identificar los símbolos del Ser en esta historia: el Gayomart como el Primer Hombre, el edificio redondo en forma de mandala, la piedra central y el diamante. Sin embargo, este diamante está rodeado de peligro. El loro demoníaco representa el espíritu maligno de la imitación, que lleva a la petrificación psicológica cuando uno no logra acertar en el blanco. Como se mencionó anteriormente, el proceso de individuación excluye cualquier imitación de otros, como el loro. A lo largo de la historia, las personas han intentado emular el comportamiento externo o ritual de sus grandes maestros religiosos, como Cristo o Buda, y como resultado se han "petrificado". Seguir los pasos de un gran líder espiritual no implica copiar y reproducir su proceso de individuación en nuestras propias vidas, sino vivir nuestras vidas con la misma sinceridad y devoción.

El barbero con el espejo, que desaparece, simboliza la pérdida del don de la reflexión que Hâtim experimenta cuando más lo necesita; las aguas crecientes representan el riesgo de ahogarse en el inconsciente y perderse en las propias emociones. Para comprender los símbolos del inconsciente, es crucial no salir de uno mismo o "estar al margen de uno mismo", sino permanecer emocionalmente conectado consigo mismo. Es vital que el ego continúe funcionando de manera normal. Solo al mantenerse como un ser humano común y corriente, consciente de la propia imperfección, se puede estar receptivo a los contenidos y procesos significativos del inconsciente. Sin embargo, ¿cómo puede uno soportar la tensión de sentirse parte del universo y, al mismo tiempo, reconocer su propia humanidad limitada? Mantener estos opuestos internos unidos dentro de uno mismo sin caer en extremos opuestos es una tarea difícil.

La Dimensión Social del Sí-Mismo en el Proceso de Individuación

En un mundo cada vez más poblado, particularmente en las grandes urbes, la sensación de desconexión puede volverse abrumadora. Las personas pueden sentirse como meros individuos anónimos en medio de multitudes, lo que puede generar la impresión de que sus vidas carecen de significado. Sin embargo, al prestar atención a los mensajes del inconsciente, manifestados a través de los sueños, es posible reconocer cómo cada detalle de la existencia está interconectado con realidades más profundas y trascendentes.

La noción teórica de que todo depende del individuo se transforma en una verdad tangible mediante los sueños. En ocasiones, se percibe una fuerte impresión de que una fuerza superior demanda algo, y esta experiencia puede proporcionar el coraje necesario para desafiar las convenciones sociales y seguir la propia verdad. No obstante, esta tarea no siempre resulta sencilla o agradable. A veces, los sueños pueden contradecir los deseos conscientes, exigiendo acciones que se desvían de los planes previstos. Esta tensión entre el ego y el inconsciente puede percibirse como una carga, pero también puede conducir a un mayor desarrollo personal.

La leyenda de San Cristóbal, patrono de los viajeros, ilustra esta experiencia. Al principio, se enorgullece de su fortaleza física y decide servir únicamente a los más poderosos. Sin embargo, al descubrir el poder del Crucifijo, su perspectiva se transforma y encuentra una nueva misión sirviendo a Cristo. El peso del niño que carga sobre sus hombros aumenta progresivamente, hasta que comprende que ha estado llevando al mismo Cristo. Este relato nos recuerda que nuestras acciones, guiadas por una profunda conexión con nuestro ser interior, pueden conducirnos a un mayor sentido de propósito y redención.

Este niño prodigioso simboliza el Ser de una manera que puede resultar desconcertante para el ser humano común, aunque es precisamente lo que puede redimirlo. En numerosas obras de arte, el Niño Jesús es representado con la esfera del mundo, un motivo que evoca claramente el Ser, ya que tanto un niño como una esfera son símbolos universales de la totalidad.

Cuando alguien intenta seguir las indicaciones del inconsciente, a menudo se encuentra en la encrucijada de no poder hacer lo que desea. Sin embargo, tampoco puede cumplir con las expectativas de los demás. Es frecuente que deba distanciarse de su grupo -ya sea familia, pareja u otros vínculos personales- para descubrir su verdadero yo. Por ello, a veces se argumenta que prestar atención al inconsciente lleva a las personas a volverse antisociales y egocéntricas. Sin embargo, esto no suele ser cierto, ya que existe un factor poco comprendido que influye en esta actitud: el aspecto colectivo, o incluso podríamos decir social, del Yo.

El logro de la madurez psicológica es un camino personal que se vuelve cada vez más desafiante en la actualidad, cuando la individualidad se ve amenazada por el conformismo generalizado. Una exhibición de atletismo suizo ilustra de manera vívida esta uniformidad.

Desde un punto de vista práctico, esta conexión se manifiesta en que las aspiraciones de un individuo suelen estar relacionadas con sus interacciones con otros. Los sueños pueden advertirle que no confíe demasiado en alguien en particular, o pueden revelar un encuentro agradable con alguien que nunca había considerado conscientemente. Cuando un sueño presenta la imagen de otra persona, existen dos posibles interpretaciones. En primer lugar, la figura puede ser una proyección, es decir, que representa un aspecto interno del soñador. Por ejemplo, soñar con un vecino deshonesto puede simbolizar la propia deshonestidad. La tarea de interpretar los sueños implica descubrir qué áreas de la vida del soñador están implicadas. Pero también hay momentos en que los sueños ofrecen información válida sobre otras personas, mostrando un papel del inconsciente que aún no se comprende por completo.

La vida onírica permite vislumbrar percepciones subconscientes y su impacto en el individuo. Después de un sueño agradable sobre alguien, es probable que se preste más atención a esa persona, ya sea debido a proyecciones o a información objetiva recibida. Descifrar la verdadera interpretación requiere honestidad, atención y reflexión. Sin embargo, al igual que con todos los procesos internos, al final es el Yo el que regula las relaciones humanas, siempre que se detecten y se manejen las proyecciones engañosas internamente. Así, las personas con mentalidades y orientaciones similares se encuentran y forman grupos que van más allá de las afiliaciones sociales convencionales.

Cualquier actividad que se limite exclusivamente al mundo exterior interfiere con las operaciones secretas del inconsciente.

A través de estos vínculos inconscientes, se unen aquellos que están destinados a estar juntos. Por esta razón, los intentos de influir en la gente mediante publicidad y propaganda política son destructivos, incluso si se hacen con motivaciones idealistas.

Surge entonces la pregunta crucial de si se puede influir en la parte inconsciente de la psique humana. La experiencia y la observación indican que uno no puede influir directamente en sus propios sueños. Aunque hay quienes afirman poder hacerlo, al analizar el contenido de sus sueños se revela que simplemente están siguiendo lo que desean, al igual que con un perro obediente. Solo a través de un largo proceso de interpretación de los sueños y confrontación con su significado, el inconsciente puede transformarse gradualmente. Además, las actitudes conscientes también deben evolucionar en este proceso.

Si alguien intenta influir en la opinión pública utilizando símbolos, estos símbolos pueden impresionar a las masas si son auténticos, pero no se puede prever de antemano si el inconsciente de las masas se verá emocionalmente atraído por ellos. Este proceso sigue siendo completamente irracional. Por ejemplo, ningún productor musical puede predecir si una canción será un éxito o no, incluso si se basa en imágenes y melodías populares. Hasta ahora, ningún intento deliberado de influir en el inconsciente ha tenido resultados significativos, lo que sugiere que tanto el inconsciente individual como el colectivo conservan su autonomía.

En ocasiones, el inconsciente puede utilizar motivos del mundo exterior para expresar sus propósitos, lo que puede llevar a la confusión sobre si ha sido influenciado por estos motivos. Por ejemplo, muchos sueños modernos están relacionados con Berlín, donde la ciudad simboliza un punto de vulnerabilidad psíquica o peligro, y donde el Yo a menudo aparece en el sueño. Este lugar representa el conflicto interior del soñador y la posibilidad de reconciliar opuestos internos. Asimismo, se han observado numerosas reacciones oníricas a la película "Hiroshima Mon Amour", donde los sueños expresan la necesidad de unir los opuestos internos representados por los amantes de la película o advierten sobre la disociación total simbolizada por una explosión atómica.

Solo cuando los manipuladores de la opinión pública recurren a la presión comercial o actos de violencia, pueden lograr un éxito temporal, pero esto solo suprime las reacciones inconscientes genuinas, lo que eventualmente conduce a problemas psicológicos. Los intentos de reprimir estas reacciones inconscientes están condenados al fracaso a largo plazo, ya que van en contra de los instintos básicos del ser humano.

El estudio del comportamiento social en animales superiores sugiere que los grupos pequeños son óptimos para el bienestar tanto individual como grupal. Parece que el hombre también prospera en formaciones sociales pequeñas, donde su bienestar físico, salud mental y eficacia cultural se desarrollan mejor. Según el entendimiento actual del proceso de individuación, el Yo tiende a crear estos grupos pequeños mientras establece conexiones emocionales entre individuos y sentimientos de parentesco con todos. Una dedicación incondicional al proceso de individuación promueve la mejor adaptación social posible.

Esto no significa que no haya conflictos de opinión o desacuerdos sobre el camino a seguir. Ante estos desafíos, es importante escuchar la voz interior para encontrar un punto de vista individual que refleje el propósito del Ser.

La actividad política fanática parece ser incompatible con el proceso de individuación. Un ejemplo ilustrativo es el sueño de un hombre dedicado a liberar su país de la ocupación extranjera, que refleja cómo las figuras del ánima positiva a menudo guían y apoyan a las personas en sus esfuerzos.

Carl Jung relató el caso de un compatriota que soñó que subía por una escalera hacia el desván de un museo, donde encontraba una sala pintada de negro que recordaba a un camarote de barco. Los recibía una señora distinguida llamada X, supuestamente hija de un famoso héroe nacional del país del soñador, comparado con figuras como Juana de Arco o Guillermo Tell, aunque en realidad el héroe histórico no tuvo descendencia. En la sala, observaban retratos de dos damas aristocráticas vestidas con trajes florales brocados. Mientras la señorita X les explicaba los cuadros, estos cobraban vida: primero los ojos se animaban y luego parecían respirar. La gente se sorprendía y se dirigía a una sala de conferencias donde la señorita X discutía el fenómeno. Aunque ella atribuía la vida de los retratos a su intuición y sentimientos, algunos se indignaban y la acusaban de locura.

La figura del ánima, representada por la señorita X en el sueño, es una creación exclusiva de este. Sin embargo, su nombre está asociado con un héroe nacional, lo que sugiere que el inconsciente del soñador advierte que la liberación del país ya no debe buscarse en acciones exteriores, como las realizadas por el héroe del pasado, sino que ahora se logra a través del alma, dándole vida a las imágenes del inconsciente.

La sala del desván que recuerda a un camarote de barco pintado de negro tiene una gran importancia simbólica. El color negro evoca la oscuridad, la noche y la introspección, mientras que el camarote sugiere un refugio dentro del museo, que a su vez puede interpretarse como un barco. Esta analogía sugiere que en tiempos de caos y barbarie, el museo-barco lleno de imágenes vivas puede ser un arca salvadora que lleva a quienes lo abordan a una nueva orilla espiritual.

Los retratos en el museo suelen ser vestigios del pasado, pero en este sueño, cobran vida cuando el ánima los contempla con intuición y sentimiento. Los indignados representan la resistencia del soñador a aceptar que las imágenes psíquicas cobren vida, reflejando preocupaciones sobre posibles consecuencias negativas, como el lanzamiento de bombas atómicas.

El sueño sugiere que en la era actual, la verdadera liberación comienza con una transformación psicológica, y que encontrar un sentido interior en la vida es esencial para la libertad individual. Los intentos de influir en la opinión pública a través de los medios de comunicación reflejan tanto las tendencias colectivas como los prejuicios y complejos inconscientes de quienes los manipulan. Sin embargo, los esfuerzos individuales de individuación pueden tener un impacto positivo en otros, incluso sin la intención de influir.

La mayoría de las tradiciones religiosas contienen imágenes que simbolizan el proceso de individuación, como Cristo en el cristianismo y figuras como Krishna y Buda en Oriente. Estas figuras representan la búsqueda interior de la realización espiritual y la liberación.

Para las personas que siguen una religión con convicción, la regulación psicológica de sus vidas se realiza a menudo a través de símbolos religiosos, y sus sueños también reflejan esta influencia. Por ejemplo, cuando el Papa Pío XII declaró la Asunción de María, una mujer católica soñó que era sacerdotisa, sugiriendo que su inconsciente estaba ampliando el dogma religioso al incorporar nuevas ideas sobre el papel de las mujeres en la Iglesia. Otro caso es el de una mujer católica que, aunque tenía dudas sobre ciertos aspectos de su fe, soñó con la demolición y reconstrucción de su iglesia local, mostrando una necesidad de renovación en su religión mientras mantenía intactos sus símbolos fundamentales, como la presencia divina y la figura de la Virgen María.

Estos sueños revelan el profundo interés del inconsciente en las representaciones religiosas conscientes de cada individuo. Esto plantea la pregunta de si existe una tendencia general en los sueños religiosos contemporáneos. Jung observó que en la cultura cristiana moderna, ya sea protestante o católica, hay una tendencia inconsciente a completar la trinidad divina con un cuarto elemento, a menudo de naturaleza femenina, oscura o incluso maligna. Este cuarto elemento, asociado históricamente con la materia y el diablo, ahora parece querer reunirse con la imagen divina en un intento de equilibrar las polaridades de luz y oscuridad en la concepción de lo divino.

El simbolismo del mandala, según un abad tibetano compartió con Jung, tiene dos aspectos importantes. Por un lado, sirve para restaurar un orden previamente existente en momentos de desequilibrio psicológico o cuando se necesita representar un pensamiento nuevo que aún no está contenido en la doctrina establecida. Por otro lado, también sirve al propósito creativo de expresar algo nuevo y único. Estos dos aspectos no se contradicen, ya que la restauración del orden antiguo a menudo implica la introducción de elementos nuevos y creativos, llevando al patrón a un nivel superior en un proceso evolutivo en espiral.

Jung relató el caso de una mujer sencilla y educada en un ambiente protestante que pintó un mandala en forma de espiral en un cuadro. En un sueño, recibió el encargo de pintar la Divinidad y luego vio esta imagen en un libro. En el sueño, solo vio el manto ondeante de Dios, que formaba un hermoso juego de luces y sombras, contrastando con la estabilidad de la espiral en un cielo azul profundo. Fascinada por el manto y la espiral, no prestó atención a otra figura en las rocas. Al despertar y reflexionar sobre las figuras divinas, se dio cuenta de que era "Dios mismo", lo que la dejó profundamente conmocionada durante mucho tiempo.

En el arte cristiano, el Espíritu Santo suele representarse como una rueda ardiente o una paloma, pero aquí aparece como una espiral, una idea nueva que surge espontáneamente del inconsciente y que aún no está contenida en la doctrina establecida. Esta representación simbólica del Espíritu Santo como espiral es innovadora y sugiere un poder en el desarrollo del entendimiento religioso.

La misma mujer pintó otro cuadro inspirado en un sueño, que la mostraba a ella con su animus positivo de pie sobre Jerusalén mientras el ala de Satán descendía para oscurecer la ciudad. El ala satánica recordaba al manto de Dios que ondeaba en el primer cuadro, pero en este sueño, la espectadora se encontraba en lo alto, viendo una terrible hendidura entre las rocas. En el segundo cuadro, se ve lo mismo desde abajo, desde una perspectiva humana. Desde una perspectiva superior, lo que se mueve y se extiende es una parte de Dios, con la espiral elevándose como símbolo de un posible desarrollo futuro. Pero desde la base de la realidad humana, esa misma cosa en el aire es el ala oscura e inquietante del diablo.

Estas imágenes de los sueños tienen un significado que va más allá de lo personal y puede profetizar el descenso de una oscuridad divina sobre el hemisferio cristiano, apuntando hacia la posibilidad de una evolución futura. La evolución futura no conduce a una mayor altura espiritual ni al reino de la materia, sino a otra dimensión, posiblemente hacia el inconsciente.

Cuando surgen símbolos religiosos diferentes de los conocidos desde el inconsciente de un individuo, a menudo se teme que alteren o disminuyan los símbolos religiosos oficialmente reconocidos. Sin embargo, esta resistencia puede superarse cuando la conciencia y el inconsciente están en relativa armonía, permitiendo que los nuevos descubrimientos psicológicos se integren en la visión general sin temor a perder la fe.

El segundo tipo de personas son aquellas que han perdido por completo la fe y la han reemplazado con opiniones puramente conscientes y racionales. Para ellos, la psicología profunda simplemente significa explorar áreas recién descubiertas de la mente, y no deberían tener problemas al adentrarse en esta nueva aventura e investigar sus sueños para descubrir su verdadero significado.

Luego está un tercer grupo de personas que, en una parte de sí mismas (probablemente en la mente), ya no creen en sus tradiciones religiosas, mientras que en otra parte todavía conservan esa creencia. Un ejemplo de esto es el filósofo francés Voltaire. Él atacó vehementemente a la Iglesia católica con argumentos racionales ("écrasez l'infâme"), pero según algunos informes, en su lecho de muerte, suplicó la extrema unción. Sea cierto o no, su mente ya no era religiosa, aunque sus sentimientos y emociones parecían seguir siendo ortodoxos. Estas personas son como alguien atrapado en una puerta giratoria; no pueden salir al espacio libre ni volver al interior. A menudo les resulta difícil recurrir al inconsciente porque no comprenden sus propios pensamientos y deseos. Tomar en serio el inconsciente, en última instancia, requiere valentía e integridad personal.

La compleja situación de aquellos atrapados en una especie de limbo entre dos estados mentales se debe en parte al hecho de que todas las doctrinas religiosas oficiales pertenecen en realidad a la conciencia colectiva (lo que Freud llamó el superyó); pero en algún momento, surgieron del inconsciente. Este es un punto que muchos historiadores de la religión y teólogos cuestionan. Prefieren suponer que hubo alguna forma de "revelación". Jung buscó durante muchos años pruebas concretas de la hipótesis junguiana sobre este problema, pero ha sido difícil encontrarlas porque la mayoría de los rituales son tan antiguos que no se puede rastrear su origen. Sin embargo, el siguiente ejemplo parece ofrecer una pista importante:

Black Elk, un curandero de los sioux oglala, fallecido no hace mucho, relata en su autobiografía "Black Elk Speaks" que, cuando tenía nueve años, enfermó gravemente y, durante una especie de coma, tuvo una visión impactante. Vio cuatro grupos de hermosos caballos que llegaban desde las cuatro esquinas del mundo, y luego, sentados dentro de una nube, vio a los Seis Abuelos, los espíritus ancestrales de su tribu, "los abuelos de todo el mundo". Le entregaron seis símbolos curativos para su pueblo y le mostraron nuevas formas de vida. Pero cuando tenía 16 años, de repente desarrolló una terrible fobia cada vez que se acercaba una tormenta de truenos, porque escuchaba a "seres del trueno" que le pedían "que se diera prisa". Le recordaban el estruendo de los caballos que se aproximaban en su visión. Un anciano curandero le explicó que su miedo se debía a que guardaba la visión para sí mismo, y le dijo que debía compartirla con su tribu. Así lo hizo, y más tarde él y su gente representaron la visión en un ritual, utilizando caballos reales. No solo Black Elk, sino muchos otros miembros de su tribu se sintieron infinitamente mejor después de esta representación. Algunos incluso se curaron de sus enfermedades. Black Elk dijo: "Incluso los caballos parecían estar más sanos y felices después de la danza".

El ritual no se repitió porque la tribu fue destruida poco después. Sin embargo, este es un caso diferente en el que un ritual aún perdura. Varias tribus esquimales que habitan cerca del río Colville, en Alaska, explican el origen de su festival del águila de la siguiente manera:

Un joven cazador mató a un águila muy singular y quedó tan impresionado por la belleza del ave muerta que la disecó y la convirtió en un fetiche, honrándola con sacrificios. Un día, cuando el cazador había viajado lejos en su caza, dos hombres-animales aparecieron de repente como mensajeros y lo condujeron a la tierra de las águilas. Allí escuchó un oscuro sonido de tambores, y los mensajeros le explicaron que era el latido del corazón de la madre del águila muerta. Entonces, el espíritu del águila se le apareció al cazador en forma de mujer vestida de negro. Le pidió que iniciara un festival del águila entre su pueblo para honrar a su hijo muerto. Después de que el pueblo del águila le enseñara cómo hacerlo, se encontró de repente, agotado, de vuelta en el lugar donde había conocido a los mensajeros. Al regresar a casa, enseñó a su pueblo cómo celebrar el gran festival del águila, como lo han hecho fielmente desde entonces.

A partir de estos ejemplos, se puede observar cómo un ritual o una costumbre religiosa pueden surgir directamente de una revelación inconsciente experimentada por un individuo. A medida que estas prácticas se desarrollan y se transmiten dentro de grupos culturales, ejercen una gran influencia en la vida de toda la sociedad. Sin embargo, durante este proceso de evolución, el conocimiento original se va diluyendo. Muchas personas ya no tienen una comprensión personal de la experiencia original y solo pueden creer en ella a través de lo que les han contado sus mayores y maestros. Pierden la conexión con la realidad de estos eventos y desconocen cómo se siente vivir esa experiencia.

En su forma actual, estas tradiciones religiosas, muy elaboradas y envejecidas, a menudo resisten cambios creativos provenientes del inconsciente. Algunos teólogos incluso defienden estos símbolos religiosos y doctrinas como "verdaderos", oponiéndose al descubrimiento de una función religiosa en el inconsciente. Olvidan que los valores que defienden deben su existencia a esa misma función. Sin la participación de la psique humana en la recepción e interpretación de inspiraciones divinas, ningún símbolo religioso puede llegar a formar parte de la realidad humana.

Si alguien argumenta que existe una realidad religiosa independiente de la psique humana, uno podría preguntar: "¿Quién lo afirma, sino una psique humana?". Por más que se afirme, no se puede escapar a la existencia de la psique, ya que el ser humano está contenido en ella y es el único medio a través del cual se puede entender la realidad.

El descubrimiento moderno del inconsciente cierra definitivamente la ilusión de que el hombre puede conocer la realidad espiritual en sí misma. En la física moderna, el principio de indeterminación de Heisenberg también cierra la ilusión de comprender una realidad física absoluta. Sin embargo, el descubrimiento del inconsciente abre un vasto y nuevo campo de posibilidades, donde la investigación científica objetiva se combina de manera única con la aventura ética personal.

Sin embargo, es prácticamente imposible transmitir toda la realidad de la experiencia en este nuevo campo. Muchas experiencias son únicas y solo pueden comunicarse parcialmente a través del lenguaje. Aquí también se cierra la ilusión de entender completamente a otra persona y decirle qué es lo mejor para ella. Pero se encuentra una compensación en el descubrimiento de la función social del Ser, que trabaja para unir a individuos separados que pertenecen juntos.

Este enfoque sustituye la charla intelectual por acontecimientos significativos que ocurren en la realidad de la psique. Entrar seriamente en el proceso de individuación implica una orientación completamente nueva hacia la vida. Para los científicos, significa un nuevo enfoque de los hechos externos.

El impacto de esto en el conocimiento humano y en la vida social es incierto, pero el descubrimiento de Jung del proceso de individuación es un hecho que las generaciones futuras deberán considerar si desean evitar una perspectiva estancada o regresiva.

Epílogo

A lo largo de este recorrido por los dominios de la psique humana, hemos sido testigos de la compleja interacción entre la conciencia y el inconsciente, donde los arquetipos emergen como protagonistas en este extenso teatro de la vida. Entre ellos, el arquetipo del héroe se yergue como una luz de esperanza, llevándonos a través de las oscuras aguas de nuestros miedos y desafíos, hacia la iluminación del cambio y el autodescubrimiento.

Las enseñanzas de Carl Jung, como estrellas en la noche más oscura, nos han mostrado el camino hacia la individuación, ese proceso transformador mediante el cual llegamos a ser quienes debemos ser. Sus ideas, arraigadas en la sabiduría ancestral de mitos y leyendas, siguen vibrando en lo más profundo de nuestra alma colectiva, despertando ecos de verdades universales que superan el tiempo y el espacio.

En un mundo donde la incertidumbre se esconde en cada esquina, el conocimiento de los arquetipos y el proceso de individuación se torna extremadamente relevante. Estas herramientas nos permiten navegar las aguas revueltas de la psique, enfrentando nuestras sombras y acogiendo nuestro potencial más sublime. Al identificar los patrones arquetípicos en nuestras vidas, podemos dar sentido a nuestras batallas y descubrir un propósito más significativo en nuestro camino.

Este libro, solo es un punto de partida, un llamado a iniciar el viaje heroico del autodescubrimiento. Cada uno de nosotros tiene el potencial de ser el héroe de su propia historia, enfrentando a los dragones de nuestros miedos y limitaciones, y emergiendo victoriosos, transformados por la experiencia.

Al igual que el héroe mitológico que desciende a los abismos para obtener el elixir de la vida, debemos adentrarnos en las profundidades de nuestro inconsciente, enfrentando nuestras sombras y rescatando los tesoros ocultos de nuestra psique. Este proceso exige valentía, sinceridad y una determinación firme de crecer y evolucionar.

El viaje es valioso, ya que en él nos transformamos en cocreadores de nuestra realidad, modelando nuestro destino y dejando una marca única en el tejido de la existencia. Al aceptar nuestro potencial heroico, nos convertimos en luces guía para otros, inspirándolos a iniciar sus propias travesías de autodescubrimiento y cambio. Porque, al final, el verdadero tesoro no se halla en un lugar remoto, sino dentro de nosotros, esperando ser descubierto y reclamado. Y así, con cada paso en este camino de autodescubrimiento, nos acercamos más a ser los héroes que siempre estuvimos destinados a ser.

Arquetipo y Sombra

FIN

www.ingramcontent.com/pod-product-compliance
Lightning Source LLC
Chambersburg PA
CBHW060655100426
42734CB00047B/1812